コロナ後を見据えて

2021 〜 2022 年度 経済情勢報告

公益財団法人 連合総合生活開発研究所

コンポーズ・ユニ

公益財団法人　連合総合生活開発研究所

　1987年12月に設立された連合総合生活開発研究所（略称：連合総研）は、「連合」のシンクタンクとして、連合及び傘下の加盟労働組合が主要な運動、政策・制度要求を展開するうえで必要とされる国内外の経済・社会・労働問題等に関する調査・分析等の活動を行うとともに、新たな時代を先取りする創造的な政策研究を通じて、我が国経済社会の発展と、国民生活全般にわたる総合的向上を図ることを目的としています。研究活動は研究所長を中心に、テーマごとに研究者や専門家の協力を得ながら進めています。

　（連合総研ホームページ https://www.rengo-soken.or.jp/）

	経済情勢報告副題	連合総研フォーラム開催日
第1回	「生活の質向上をめざして」	（1988年11月　4日）
第2回	「新成長時代に向けて」	（1989年11月13日）
第3回	「調整局面をいかに乗り切るか」	（1990年11月　8日）
第4回	「内需主導型成長の第二段階へ」	（1991年11月　1日）
第5回	「人間中心社会の基盤構築にむけて」	（1992年11月　4日）
第6回	「内需主導型経済の再構築」	（1993年11月　1日）
第7回	「構造調整を超え生活の新時代へ」	（1994年11月　2日）
第8回	「日本経済の新機軸を求めて」	（1995年11月　9日）
第9回	「自律的回復の道と構造改革の構図」	（1996年11月　5日）
第10回	「持続可能な成長と新たな経済社会モデルの構築」	（1997年11月　4日）
第11回	「危機の克服から経済再生へ」	（1998年11月　4日）
第12回	「安心社会への新たな発展の布石」	（1999年11月　2日）
第13回	「活力ある安心社会構築のために」	（2000年11月　9日）
第14回	「デフレからの脱出と日本経済の再生」	（2001年11月　8日）
第15回	「長引く不況、すすむ雇用破壊—デフレ克服なくして再生なし」	（2002年11月21日）
第16回	「自律的な景気回復を確実にするために」	（2003年11月25日）
第17回	「持続的回復の条件は何か」	（2004年10月27日）
第18回	「生活の改善と安定成長への道筋」	（2005年10月26日）
第19回	「公正で健全な経済社会への道」	（2006年10月24日）
第20回	「暮らしと雇用の質を高める持続的成長へ」	（2007年10月29日）
第21回	「生活防衛から安心安定経済へ」	（2008年10月27日）
第22回	「雇用とくらしの新たな基盤づくり」	（2009年10月26日）
第23回	「縮み志向の企業行動からの脱却を」	（2010年10月27日）
第24回	「職場・地域から『絆』の再生を」	（2011年10月25日）
第25回	「グローバリゼーションと雇用・生活の再生」	（2012年10月22日）
第26回	「適切な配分と投資による『成長』を求めて」	（2013年10月28日）
第27回	「『好循環』への反転を目指して」	（2014年10月21日）
第28回	「一人ひとりが活き活きと働ける社会を目指して」	（2015年10月28日）
第29回	「暮らしの底上げに向けて」	（2016年10月25日）
第30回	「人間らしい働き方の実現」	（2017年10月24日）
第31回	「働き方の多様化と公正な分配」	（2018年10月25日）
第32回	「誰もが働きがいと生きがいを実感できる社会の実現」	（2019年10月18日）
第33回	「新型コロナ・ショックとwithコロナ時代に向けて」	—
第34回	「コロナ後を見据えて」	（2021年12月　3日）

「経済社会研究委員会」について

　経済社会研究委員会は、連合総研に常設される研究委員会です。

　経済情勢報告の取りまとめにあたり、当委員会において本報告書で取り上げる検討課題についてご議論いただくとともに、各委員・オブザーバーからご助言をいただいております。

【委　員】

主査	吉川　洋	立正大学学長/東京大学名誉教授
委員	井村　和夫	連合 総合政策推進局総合局長
委員	太田　聰一	慶應義塾大学経済学部教授
委員	齋藤　潤	（公社）日本経済研究センター研究顧問

（オブザーバー）

大久保　暁子	連合 労働条件局長
栗山　裕太	連合 経済・社会政策局部長

【連合総研事務局】

平川　則男	副所長
麻生　裕子	主任研究員
石黒　生子	主任研究員
金沢　紀和子	主任研究員
金成　真一	主任研究員
野澤　郁代	主任研究員
松岡　康司	主任研究員
後藤　究	研究員

（肩書は 2021 年 9 月現在）

「経済情勢報告」について

　「経済情勢報告」は連合総研の責任においてとりまとめられたものです。したがって、その内容は、とりまとめにあたりご助言をいただいた経済社会研究委員会の各委員・オブザーバーの見解を示すものではありません。

（問合せ先：rengosoken@rengo-soken.or.jp）

はじめに

　連合総合生活開発研究所（連合総研）では、勤労者生活にかかわる内外の経済情勢を分析し、毎年「経済情勢報告」として発表しています。第34回となる本報告書においても、第33回に引き続き、新型コロナウイルスの感染拡大がわが国の経済社会にどのような影響を及ぼしているかについて、客観的な分析に基づいた提言を行っています。

　第Ⅰ部では、最近の経済動向について分析しました。我が国の2020年度の成長率は世界金融危機時を下回るマイナス成長となりました。これは主に、ＧＤＰの約6割弱を占める個人消費が感染拡大の影響によって大きく落ち込んだことによります。21年以降は、中国や米国等の一早い景気回復を受けた輸出の増加等により、製造業を中心とした持ち直しの動きが続いています。ただし、足取りは極めて弱く、また非製造業については度重なる感染再拡大の影響を直接的に受けた業種を中心に低迷が続き、いわゆる「Ｋ字型回復」となっていることには留意が必要です。更に夏以降、感染力の強い「デルタ株」により、ワクチン接種が進んだ国においても感染再拡大がみられたように、わが国も含め、依然予断を許さない状況です。

　第Ⅱ部では、感染拡大が長期化する中での雇用情勢及び生活の変化について分析しています。第1章では、雇用の安定・生活保障に向けて講じられてきた政策対応を概観し評価しています。第2、3、4章では、この1年余りの雇用情勢の変化について明らかにしています。各種政策の効果もあり、マクロ的な数字の上では失業率の上昇を抑制できたものの、中身をみると、失業期間の長期化や雇用者の伸び悩み、業種間格差の拡大、収入の減少といった問題が生じています。特に女性や非正規雇用の労働者は依然厳しい状況におかれています。第5章では、働き方の変化の視点から、テレワークの課題に加え、人材育成の重要性についても指摘しています。第6章では、家計収入への影響を取り上げ、配偶者の有業状況による世帯年収への影響についても分析しています。

　第Ⅲ部では、第Ⅰ部、第Ⅱ部での分析を踏まえ、更に有識者の方々に、コロナ後を見据えた課題と提言について、マクロ経済、労働経済、働き方、女性活躍・男女共同参画、社会保障等といった観点から、ご寄稿いただきました。

　補論において、2022年度の我が国の経済情勢を展望しています。

　本報告書は、2022年度における連合の政策・制度要求や春季生活闘争、そして経済政策や雇用政策をめぐる活動に向けて参考資料となることを意図して作成したものです。労働組合関係者だけではなく多くの方々に本書に目を通していただき、コロナ後を見据えた諸課題を議論するにあたり役立てていただければ幸いです。

　本報告書は、当研究所に常設されている「経済社会研究委員会」でのご議論やご助言を踏まえて、当研究所の責任において取りまとめたものです。報告書作成にあたり、懇切なご指導と多大なご尽力をいただきました吉川洋主査をはじめ経済社会研究委員会の各委員に対して心から感謝を申し上げる次第です。

2021年11月

公益財団法人　連合総合生活開発研究所

所長　藤本一郎

コロナ後を見据えて
2021～2022年度　経済情勢報告
（目　次）

図表一覧

図表一覧

新型コロナ・ショックから景気回復への道

第1章　2020年以降の日本経済

第Ⅰ部　第1章のポイント

新型コロナウイルスの感染拡大続く

○2021年に入り、新型コロナワクチン接種を先行して進めてきた先進国では、経済社会活動に関する制限を緩和・撤廃させるなど、経済正常化に向けた動きが進展する一方で、ワクチン接種が遅れているアフリカ諸国等の新興国発展途上国では感染拡大が止まらず、経済の回復が遅れている。

○加えて感染力が強いインド由来の変異ウイルス「デルタ株」が2021年入り後発現し、その感染拡大に歯止めがかからず、同年8月には世界の累計感染者数は2億人を突破し、その後も1日40〜50万人ペースで増加を続けている。このため、一旦、規制を緩和・撤廃させた欧米諸国でも感染対策の再強化や、秋以降には3度目の接種（ブースター）を実施する動きが出てきている。

○日本でも、2021年4月以降、ワクチン接種を開始したものの、デルタ株の感染拡大により、今夏には感染者数・死者数ともに大幅に増加したことから、7月から9月末にかけて4度目の緊急事態宣言が発令され、10月以降段階的に制限が解除されることとなったが、10月末現在、依然経済活動の全面的な再開までには至っていない。

第1節　マクロ経済

○我が国の実質ＧＤＰ成長率は2019年度前年比▲0.5％減に続き、2020年度前年比▲4.4％減と2年連続でマイナスとなるとともに、世界金融危機時の2008年度同▲3.6％減を大きく下回った。

○今回の景気後退は、通常では景気変動に比較的中立な需要項目である消費が、サービス消費を中心に、人為的に抑制されたために大きく落ちこんだことに起因するという意味で、消費税による一時的な影響を除けば、我々がこれまで経験したことのない新しい形の景気後退といえよう。

○新型コロナ・ショックによる短期的な景気変動に加え、わが国は1990年代初頭のバブル崩壊以降、中長期的に消費が伸び悩んでいるという問題を抱えている。この個人消費の停滞こそが、日本経済の底流に流れる深刻な構造問題である。

第2節　製造業を中心に外需主導で回復に転じた企業活動－Ｋ字型回復

○新型コロナウイルスの影響が長期化する中で、中国や米国等の海外の一早い景気回復による輸出の増加等の追い風を受けた業種と、移動の制限や営業時間の短縮要請等の影響を受けた業種との間で、生産や企業収益等の回復度合いが二極化するという「Ｋ字型回復」が、今回の景気回復の特徴となっている。

○生産面では、新型コロナ・ショック前の水準に戻った製造業とは対照的に、非製造業の落ち込みが続いている点が特徴的である。

○設備投資は、製造業・外需関連によるけん引によるもののほか、非製造業においても非接触・省人化投資が進展する動きがみられ、総じて持ち直しの動きが続いている。

○政府による各種財政支援策により、企業の倒産件数は抑制されているが、他方、債務残高が増加しており、今後、事業再構築や事業再生を進める上で、過剰債務問題の解決が重要である。

第3節　新型コロナの感染状況に左右される消費者マインドと低迷が続く消費

○個人消費は、新型コロナウイルスの感染拡大動向と高い相関をもって推移している。新型コロナの感染が収束しない限りは、様々な支援策を講じたとしても、個人消費の下支えにはなっても、本格的な回復までには至らないと考えられる。

○米国では、ワクチン接種の進展により、各種行動制限が緩和・撤廃された結果、消費者マインドの改善と相まって、コロナ禍により積みあがった過剰貯蓄を取り崩す形で消費ブームが生じている。日本でも、ワクチン接種が進み、経済活動が正常化した場合に、米国と同様の消費ブームが起きるかどうかに関心が集まっている。

第4節　加熱する金融市場

○各国中央銀行による感染拡大初期における迅速な政策対応もあって、金融市場の混乱は回避されているが、2021年に入り、金融市場の過熱感や市場の歪みを示唆する事例も生じており、過剰流動性の存在が新たな危機の発生、あるいは急激な金融引き締めを余儀なくされる可能性がある。

第5節　財政・金融政策の動向

○新型コロナウイルスの感染拡大に対応するために3度の補正予算が組まれた結果、2020年度の国の財政支出は大幅に増加した。こうした政策対応の効果もあり、企業の倒産件数や失業率の上昇はかなり抑制されている。

○新型コロナウイルス感染拡大の影響は金融面にも及んでおり、日本銀行は強力な金融緩和を実施し、企業等の資金繰り支援と金融市場の安定、及びそれらを通じた緩和的な金融環境の維持に努めている。その結果、日本銀行のバランスシート及びマネタリーベースは急激に増加している。

コロナ後を見据えた国民的議論の必要性

○新型コロナウイルスの感染拡大により、デジタル化の遅れなど、従来から抱えてきた経済社会の脆弱性が浮き彫りとなるとともに、これまで長年解決できずにいた課題が改めて顕在化した。

○コロナ禍で政府・日本銀行が緊急避難的に講じた前例のない規模の財政・金融面での諸措置は、企業の倒産や国民の生活破綻をある程度抑えることには成功したものの、一段と拡大した政府の財政赤字は、社会保障の持続性を含め、国民の将来への不安をさらに高めることにつながりかねない。

○コロナ後を見据えつつ、社会保障改革及び税制の抜本改革を通じた中長期的に持続可能な財政の実現に向けて今後具体的にどのような対応策を講じるべきかについて、改めて国民的な議論を深めるとともに、これらの制度を支える賃金の引き上げに向けて、労働生産性向上をいかに実現させるかが喫緊の課題となっている。

第1章　2020年以降の日本経済

新型コロナウイルスの感染拡大続く

　2019年末に新型コロナウイルス（COVID-19）の最初の症例が中国・武漢で確認されて以降、感染が急速に世界全体に広がり、2020年3月11日には、WHOがパンデミック宣言を出すに至った[1]。感染の抑制を目的とした渡航制限や外出制限が多くの国で実施され、国境を越えた人やモノの交流だけでなく、国内においても人やモノの移動が制限された結果、世界経済は急速に減速し、戦後最大の経済危機（以下、「新型コロナ・ショック」という。）が発生した。

　新型コロナウイルスの感染は、中国から欧州、北米・中南米・アジア・アフリカと全世界に拡大している。相次ぐ変異株の発現による再流行もあり、依然として、新規感染者数・死亡者数も増加し続けている。そうした中、2021年に入り、ワクチンの接種が欧米で先行開始されたことを受け、ワクチン接種が進んだ先進国では経済社会活動に関する制限を緩和・撤廃させ、経済正常化に向けた動きが進展しつつある。その一方で、ワクチン接種が遅れているアフリカ諸国や南米、東南アジア等の発展途上国では感染拡大が止まらず、その抑制のために社会経済活動の制約が続いた結果、経済の回復が大きく遅れている。わが国についてもワクチンの認証が欧米から2ヵ月程度遅れた結果、2021年に入ってからも数次にわたり緊急事態宣言を発令せざるを得ない事態となり、欧米と比べ景気回復の足取りは極めて弱いものとなっている。このように、ワクチン接種の普及は経済活動の正常化の切り札となっているといえる。

　しかしながら、2021年夏以降、従来よりも感染力の強いインド由来の変異ウイルス「デルタ株」による感染が急速に拡大し、8月には累計感染者数が世界計で2億人を突破する事態となったため、先行して規制を緩和していた欧米諸国においても、再度、経済社会活動の制限を一定程度課す動きがみられることから、今後の景気回復への影響が懸念される。加えて、先進国では今秋以降、わが国も含め3度目のワクチン接種（ブースター）を実施する動きも生じており、世界全体としてワクチンの供給が不足する中、先進国と発展途上国との間でワクチン格差が一層拡大するとして国際的な懸念事項となっている。

（2021年10月15日時点　世界188ヵ国・地域、感染者数2億4,000万人、死者488.2万人[2]　※いずれも累計）

　日本でも、2020年1月16日に国内初の感染者が報告された後、新型コロナウイルスの感染は全国に拡大しており、感染拡大第1波（2020年3～5月）、第2波（7月中旬～9月）、第3波（11月～2021年3月）、第4波（3月～6月）、第5波（7月～10月上旬）に相次いで襲われている。こうした事態に対応するため、政府は、「緊急事態宣言」や「まん延防止重点措置」を各地で相次いで発令したほか、2021年4月以降はワクチン接種を一般人に対しても開始したものの、夏以降のデルタ株の世界的な大流行により、ワクチン接種は急速に進んでいたにもかかわらず感染者数・死者数が

---

[1] パンデミックとは、健康危機が当初の発生地域から国境を越えて広がり、世界中で多勢の人々に影響を及ぼす状態になったことをいう。

[2] ジョンズ・ホプキンス大学のCovid-19 Dashboardによる。
　https://gisanddata.maps.arcgis.com/apps/opsdashboard/index.html#/bda7594740fd40299423467b48e9ecf6

急増し、７月12日から９月末まで４回目となる緊急事態宣言を発令することとなった。同措置が全て解除された後も、10月末時点では、経済活動の全面的な再開には依然至っていない。
（2021年10月17日現在　日本国内の感染者数1,714,433人、死者18,104人　※いずれも累計）。

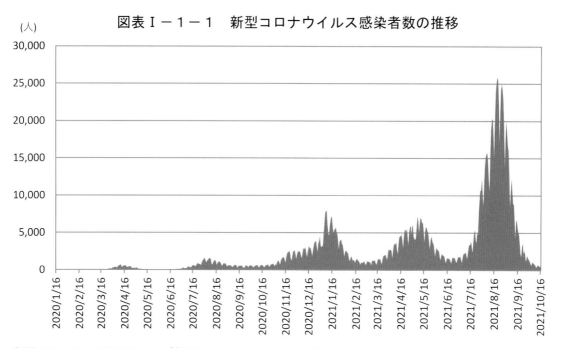

図表Ⅰ－１－１　新型コロナウイルス感染者数の推移

資料出所：ＮＨＫ特設サイト「新型コロナウイルス」より作成。
ＮＨＫの特設サイトから毎日の最新データがダウンロードできる
新型コロナウイルス 日本国内の感染者数・死者数・重症者数データ｜ＮＨＫ特設サイト
https://www3.nhk.or.jp/news/special/coronavirus/data-all/

緊急事態宣言等発出状況

国内初感染確認	2020年１月15日
（感染拡大第１波	2020年３月～５月　４月下旬が頂点）
１回目の緊急事態宣言	2020年４月７日～５月25日
（感染拡大第２波	2020年７月中旬～９月　８月上～中旬が頂点）
（感染拡大第３波	2020年11月～2021年３月）
２回目の緊急事態宣言	2021年１月８日～３月21日
（感染拡大第４波	2021年３月～６月）
３回目の緊急事態宣言	2021年４月25日～６月20日
（感染拡大第５波	2021年７月～）
４回目の緊急事態宣言	2021年７月12日～９月30日

　以下では、第１章では2020年秋以降の日本経済の動向、第２章では世界経済の現状とリスクについて述べることとする。

第１章　2020年秋以降の日本経済（感染拡大止まらず、４回目の緊急事態宣言発令）

　以下では、2020年秋以降の日本経済に関して、第１節ではマクロ経済と物価動向について、第２節では製造業を中心に外需主導で回復に転じた企業活動について、第３節では新型コロナの感染状況に左右される消費マインドと低迷が続く消費について、第４節では加熱する金融市場について、第５節では財政金融政策の動向について述べることとする。

第１節　マクロ経済

実質ＧＤＰ需要項目の動向：新しい型の景気後退

　実質ＧＤＰ経済成長率は、年度ベースでみると、2019年度前年比▲0.5％減となった後、2020年度同▲4.4％減と２年連続でマイナスとなるとともに、世界金融危機時の2008年度同▲3.6％減を大きく下回った。

　四半期ベースでみると、最初の緊急事態宣言が発令され、全国で経済活動の自粛が行われた2020年４－６月期に前期比▲7.9％（前期比年率換算▲28.1％）減と過去最大の落ち込み幅を記録した。個人消費と輸出の落ち込みの影響が大きい。その後、７－９月期同5.4％（同23.2％）増、10-12月期同2.8％（同11.9％）増と２四半期連続で大幅なプラスを記録した。しかし、２度目の緊急事態宣言が発令された2021年１－３月期には同▲1.1％（同▲4.2％）減、３度目の緊急事態宣言が発令された４－６月期は同0.5％（同1.9％）増となったが、これはＧＤＰデフレーターが携帯通信料の引き下げを受けて▲1.1％減となったことが大きく、デルタ株による感染拡大とそれを受けた緊急事態宣言をはじめとする各種感染拡大防止対策を受け、景気の回復の足取りは依然として極めて弱い。それでも、実質ＧＤＰの水準は、直近のピーク時の2019年７－９月期（実質季節調整値557.8兆円）と比較して2020年４－６月期には累計で▲10.2％減の水準にまで落ち込んだものの、2021年４－６月期には、▲3.3％減の水準に回復している。

図表Ⅰ－１－２　実質ＧＤＰ（季節調整値）の推移

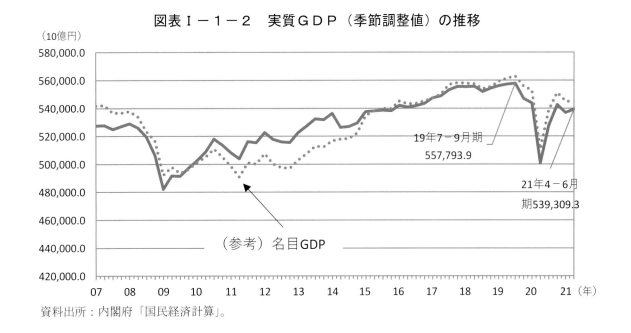

資料出所：内閣府「国民経済計算」。

　需要項目別にみると、個人消費が2020年4-6月期に前期比▲8.3％減と大きく落ち込んだ。その後、反動もあり7-9月期同5.4％、10-12月期同2.3％と2四半期連続でプラスとなったものの、2021年に入り、1-3月期は同▲1.3％減となった後は4-6月期同0.9％増と弱い動きが続いている。一方、設備投資は4-6月期同2.3％増と2四半期ぶりにプラス、住宅投資は4-6月期同2.1％増と3四半期連続でプラス成長となり、これらが4-6月期の成長に寄与した。公需では、公共投資が4-6月期同▲1.5％減と2四半期ぶりにマイナスとなった一方で、政府消費がワクチン接種関連の支出もあって4-6月期同0.5％増と2四半期ぶりにプラスとなった。外需については、輸出が半導体部品の供給制約により2021年1-3月期同2.4％増、4-6月期同2.8％増と、20年後半と比べ伸びは鈍化したものの、4四半期連続でプラスの成長を続けた結果、新型コロナ・ショック前の2019年10-12月期を上回る水準まで回復している。しかし、輸入が原材料価格の高騰の影響により4-6月期同5.0％増と2四半期連続で輸出を上回る伸びを記録したため、外需寄与度は、1-3月期▲0.2％減、4-6月期▲0.3％減と2四半期連続でマイナスとなった。

　わが国の景気循環は、多くの場合、輸出や設備投資、在庫投資等によりもたらされてきたが、今回の景気後退については、ＧＤＰの5割強〜6割弱程度を占める個人消費の落ち込みによる寄与が大きかった。これは、緊急事態宣言等により、不要不急の外出の自粛が求められる等、外食、旅行等のサービス消費を中心に、人々の消費活動が人為的に抑制されたためである。個人消費を形態別にみると、新型コロナ・ショック前の2019年10-12月期と比較して、2021年4-6月期に耐久財消費が前期比0.9％増とすでに上回る水準にまで回復しているに対し、非耐久財消費は▲0.5％減とほぼ横ばい、半耐久財が1.9％増、サービスが1.6％増とプラスにはなったが、いずれも同時期の水準には届いていない。

　以上をまとめると、今回の景気後退は、通常では景気変動に対し比較的中立的な需要項目である個人消費が、サービス消費を中心に人為的に大幅に抑制されたために落ち込んだことに起因するという意味で、消費税引き上げや天災による一時的な影響を除けば、我々がこれまでに経験したことのない新しい型の景気後退であるといえよう。

図表Ⅰ－1－3　実質ＧＤＰ成長率の推移（需要項目別）

(前期比：％)

	実質GDP	民間消費	民間住宅	設備投資	政府消費	公的固定資本形成	輸出	輸入	GDPデフレーター（前年比）	実質GNI	乖離幅（実質GNI-実質GDP）
2019/7-9.	0.1	0.5	0.1	0.9	0.7	1.3	-0.5	1.2	0.5	0.3	0.2
2019/10-12.	-1.9	-3.1	-1.9	-4.4	0.2	0.2	0.3	-2.8	1.5	-2.0	-0.1
2020/1-3.	-0.6	-0.8	-3.7	1.1	-0.3	0.1	-4.7	-3.0	1.0	-0.3	0.3
2020/4-6.	-7.9	-8.3	0.6	-6.0	0.7	3.0	-17.5	-0.7	1.4	-7.1	0.8
2020/7-9.	5.4	5.3	-5.7	-2.1	2.8	0.6	7.3	-8.2	1.1	5.1	-0.3
2020/10-12.	2.8	2.3	0.0	4.3	1.9	0.9	11.7	4.8	0.1	3.1	0.3
2021/1-3.	-1.1	-1.3	1.0	-1.3	-1.7	-1.1	2.4	4.0	-0.2	-1.6	-0.5
2021/4-6.	0.5	0.9	2.1	2.3	1.3	-1.7	2.8	5.0	-1.1		-0.4

資料出所：内閣府「国民経済計算」。

　2020年〜2021年にかけての大幅な個人消費の落ち込みは各国共通であるものの、日本の場合、新型コロナ・ショックによる短期的な景気変動に加えて、中長期的な消費の伸び悩みという「構造的な問題」を抱えていることも寄与している。この背景として、第3節でも改めて触れるが、グローバル競争の激化による労働分配率の低下や非正規雇用の浸透、日本的雇用慣行の見直し等による賃金の伸び悩み、税や社会保険料負担の増大、さらには超低金利下における利子収入の低迷などにより可処分所得が中長期的にほとんど増加していないことに加え、少子高齢化・人口減少が加速する中

で将来に係る不確実性が増していることがあると考えられる。

　そこで具体的に数字をみてみよう。

　新型コロナ・ショック前の2013〜2019年の7年間の米国・EU・日本の実質GDPと個人消費の年平均成長率を比較すると、米国は実質GDP 2.4%増、個人消費 2.7%増、EUは実質GDP 2.1%増、個人消費 1.9%増であるのに対して、日本は実質GDP 0.8%増、個人消費 ▲0.1%減と極めて低い伸びにとどまっている。1990年代初頭にバブルが崩壊して以降30年余り経過したが、この間の個人消費の停滞こそが、日本経済の底流に流れる深刻な構造問題であり、こうした構造問題を解決できないまま、日本経済は新型コロナ・ショックで深刻な景気後退に直面することとなったのである[3]。

図表Ⅰ－1－4　2013－19年の日米欧の成長率

	2013-19年	
	GDP成長率	個人消費成長率
米国	2.4	2.7
EU	2.1	1.9
日本	0.8	▲0.1

資料出所：各国政府公表資料より作成。

貿易や対外収支の動向

　世界の貿易数量は、オランダのCPBデータによれば、新型コロナ・ショックの影響で2020年1－3月期前期比▲2.9%減、4－6月期同▲10.9%減と大きく減少したものの、世界各国で経済活動が徐々に再開された2020年6月以降は、7－9月期同11.6%増、10-12月期3.9%増と回復し、11月には新型コロナ・ショック前の水準を超えた。その後も、2021年1－3月期同3.5%増、4－6月期同1.3%増と回復が続いている。ただし4月以降、半導体等の供給制約や工場が立地する東南アジアにおける感染再拡大により、自動車関連の生産が伸び悩む等のサプライチェーンの混乱が続き、増勢は鈍化している[4]。

　日本の輸出（通関ベース、季節調整値）についても、新型コロナウイルスの世界的な感染拡大により、2020年前半は大幅に減少したものの、同年6月以降は海外経済の回復を背景に増加に転じ、2021年1月には新型コロナ・ショック前のピークである2020年2月の水準を超えた。その後、伸びは鈍化したものの、均してみれば増加している。

　輸入（通関ベース、季節調整値）については、2020年11月以降、2021年7月に前月比▲1.6%減と8ヵ月ぶりに減少したのを除けば増加を続けており、4月以降は輸出を上まわる伸びとなっている。

　貿易収支（通関ベース、季節調整値）は、2020年秋頃には6,000億円前後の黒字となっていたが、2021年入り後は年前半は比較的小幅な黒字となっていた。しかし、6月以降は原材料価格の高騰と供給制約の深刻化による輸出の伸び悩みから、赤字に転じた後は、その幅は拡大傾向にあり、9月には約6,250億円となった。

---

[3]　山口廣秀・吉川洋「消費回復へ賃金デフレ脱却　コロナ後のあるべき政策」『日本経済新聞　経済教室』（2021年4月26日朝刊）。
　　吉川洋・山口廣秀・杉野豊「コロナ禍と個人消費」（日興リサーチセンター　2021年3月19日）。
[4]　小峰隆夫「コロナショック下の日本経済と経済政策」（『季刊個人金融』2021年春）
　　CPB Netherlands Bureau for Economic Policy Analysis, World Trade Monitor
　　https://www.cpb.nl/en/worldtrademonitor
　　前月比で4月0.0%、5月-0.7%、6月0.5%となっている。

図表Ⅰ－1－5　輸出入の動向

（注）輸出入額は季節調整値。
資料出所：財務省「国際貿易統計」。

　経常収支（季節調整値）の推移をみると、新型コロナ・ショックに伴う財輸出の急減やインバウンドの消失により、2020年4月に2,643億円まで黒字が縮小したが、その後中国をはじめ海外経済の一早い回復による財輸出の急拡大により経常黒字は拡大を続け、2020年11月には2兆2,964億円を記録した。2021年入り後は、原油価格の上昇もあってほぼ横ばいで推移しており、2021年8月は1兆426億円まで縮小している。内訳をみると、貿易収支は、輸出が海外経済の回復を受けて増加しているものの、原油価格等一次産品価格の上昇に加え、21年3月以降コロナワクチンの輸入増により輸入が大幅に増加したため、黒字幅は縮小し、8月は赤字となっている。従前よりサービス収支は赤字が続いているが、一方で海外経済の回復や為替の円安傾向により、直接投資収益などの第一次所得は堅調な黒字が続いている[5]。

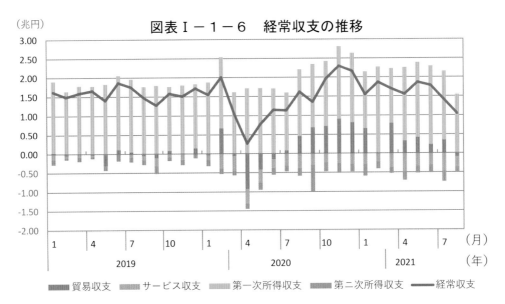

図表Ⅰ－1－6　経常収支の推移

（注）経常収支は、季節調整値。
資料出所：財務省「国際収支統計」より作成。

---

[5] 2021年上期（1～6月）の第一次所得収支の黒字幅は11.4兆円と遡及可能な1996年上期以降で最大の水準に達している。そのうち、直接投資収益が6.5兆円を占めており、これは、コロナの影響から一早く海外経済が回復したことを受け、企業が海外子会社から受け取る配当金等が増加したことによる。このように、日本の経常収支黒字は、特に2018年以降は貿易収支が大きく振れを伴って推移する中、第一次所得収支の黒字により支えられるという構図となっている。

物価の動向

　企業物価の動向をみると、国内企業物価は、2021年9月に前年同月比6.3%と7ヵ月連続で上昇し、かつその上昇率は月を追うごとに高まっており、2008年9月の同6.9%以来の高水準となっている。これは、比較対象となる前年に、原油価格が急落し石油・石炭製品価格が低迷したことの裏が出たことに加えて、アメリカをはじめとする世界経済の回復を背景に、原油や鉄鋼、木材等一次産品の国際商品市況が高騰している影響が大きい。需要段階別にみると、素原材料が2021年4-6月期同40.2%、7-9月期同50.9%と2021年に入り急激に上昇しており、これを受けて、中間財が2021年4-6月期同8.0%、7-9月期同10.6%、最終財が2021年4-6月期同2.4%、7-9月期同2.8%となっており、川上から川下への価格転嫁は緩やかではあるものの、徐々に進んでいることがわかる。輸出物価も上昇しているが、輸入物価はそれ以上に上昇しているため、交易条件の悪化による企業収益の影響が懸念される。

　消費者物価の動向について、生鮮食品を除く総合（コア）をみると、2020年1月の前年同月比0.8%をピークにその後は、低下が続き、2020年12月には同▲1.0%減とマイナスとなった[6]。2021年に入ると、Ｇｏ　Ｔｏ　トラベルが停止されたことによる宿泊料等の利用負担の増加や、原油価格の上昇等によりエネルギー価格の伸びが加速した影響からマイナス幅は徐々に縮小したものの、同年3月の政府の要請を受けた携帯電話大手3社による携帯通信料の大幅引下げの影響もあって、2021年7月まで12ヵ月連続でマイナスとなったが、9月になりエネルギー価格の上昇や円安が進んだことにより、ようやく半年ぶりに同0.1%増とプラスとなった。他方、生鮮食品及びエネルギーを除く総合（コアコア）については、コアと同様に携帯通信料の大幅な引き下げを受けて、7月同▲0.6%減、8月同▲0.5%減、9月同▲0.5%減と6ヵ月連続でマイナスとなっている[7]。欧米では、ワクチン接種の進捗を受けて経済活動の正常化が進み消費が回復したことや、企業による消費者への価格転嫁により、消費者物価が大きく上昇しているのと対照的な動きとなっている[8]。

　ＧＤＰデフレーターは、2020年10-12月期まで8四半期連続で前年同期比プラスで推移していたが、2021年に入ると、1-3月期同▲0.2%減、4-6月期同▲1.1%減と2四半期連続でマイナスとなりかつその幅が拡大した。この背景としては、消費の回復が力強さを欠く中で、民間最終消費デフレーターが3四半期連続でマイナスとなる一方で、中国や米国をはじめとした海外経済の回復に伴う需要の増加により、原油をはじめ一次産品価格が高騰したことを受け、控除項目である輸入デフレーターが4-6月期に同14.7%と大幅に上昇した影響が大きい。また、輸入デフレーターが輸出デフレーターの上昇を上回っていることに伴って、交易条件も、2020年10-12月期以降急速に悪化しており、詳細は第二章コラムで取り上げるが、こうしたことも経済回復の足かせとなっていると考えられる。

---

[6] 2020年8月にＧｏ　Ｔｏトラベルが開始され、宿泊料が大きく下落した影響が大きい。

[7] 内閣府「令和3（2021）年度　内閣府年央試算」（2021年7月6日）では、「携帯電話通信料引き下げによる消費者物価（総合）上昇率への影響を機械的に試算すると、2021年度に▲0.5%ポイント程度」としている。

[8] アメリカの消費者物価は2021年7月前年同月比5.4%と、景気の急速な回復で幅広いモノやサービスの需要が高まっている影響で急速に上昇している。ＥＵの消費者物価も2021年7月同2.2%と堅調に推移している。

図表 I － 1 － 7　物価の動向

（1）国内企業物価

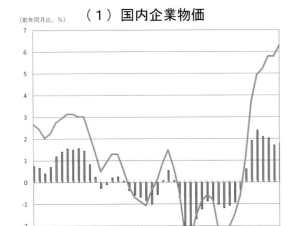

（2）消費者物価

資料出所：日本銀行「国内企業物価指数」、総務省「消費者物価指数」より作成。

コラム　消費者物価指数の基準改定の影響について

　消費者物価指数は、2021年7月分から2015年基準から2020年基準への基準改定が実施された。今回の基準改定では、①ライフスタイルの変化を踏まえて、消費の重要度が増したタブレットや介護用品など約30の品目を新たに取り込む一方で、重要度が低下した品目を取りやめている。また、②ネット価格を含むビッグデータを活用している。なお、今回の基準年となる2020年は新型コロナウイルスの影響で家計の消費構造が急激に変化したことから、実際には、2019年と2020年の平均消費支出が用いられている。

　2020年8月に公表された「2020年基準による遡及結果」をみると、今回の基準改定により、2021年4月～6月の生鮮食品を除く総合（コア）の前年同月比の変化率は大幅に下方改定された（2021年6月の2015年基準同0.1%であったものが、2020年基準同▲0.6%、乖離幅▲0.7%ポイント）。この大幅な下方改定は、宿泊料、水道料、携帯電話通信料といった一部品目の指数の算出方法が変更された効果が大きい。携帯電話通信料のウェイトが大きくなったことで、携帯電話通信料の物価押下げ効果は、2015年基準の▲0.5%ポイント程度から2020年基準では▲1.0%ポイント程度と更に拡大した。携帯電話通信料引下げによる押下げ効果は、少なくとも2022年3月まで持続するため、生鮮食品を除く総合（コア）の前年同月比は、世界的なインフレ圧力が高まる中においても、2021年度中はおおむねゼロ近傍で推移するものと見込まれる。

第２節　製造業を中心に外需主導で回復に転じた企業活動－Ｋ字型回復

　新型コロナウイルスの影響が長期化する中で、輸出の増加等の追い風を受けた業種と移動の制限や時短営業の影響を受けた業種との間で生産や企業業績等回復度合いの二極化が顕著となる「Ｋ字型回復」が今回の景気回復の特徴となっている。

生産の動向－Ｋ字型回復①

　生産面では、新型コロナ・ショック前の水準に戻った製造業に比べ、非製造業の落ち込みが続いている点が特徴的である。

　製造業の生産活動について、鉱工業生産指数の推移でみると、2020年１月の99.1の水準から、新型コロナ・ショックの影響を受けて、2020年２月から５月まで累計で▲21.8％減と大幅に低下し、５月には77.2を記録したものの、同年６月以降は前月比で概ね増加に転じ、2021年４月には新型コロナ・ショック前の2020年１月の水準を上回った。その後、世界的な半導体不足の影響等により、2021年６月以降は自動車工業を中心に減少が続き、同年８月には20年末ごろの水準である94.6にまで減少した。これを受けて出荷、在庫ともに減少しているため、在庫率も均してみれば年初来より概ね横ばいで推移している。なお、製造工業生産予測調査によると、９月は前月比0.2％増であるが、10月は同6.8％増と回復することが見込まれている。

　四半期ベースの鉱工業生産指数は、2020年４－６月期に前期比▲16.8％減と最大の低下幅を記録した後、７－９月期同9.0増、10-12月期同5.7％増、2021年１－３月期同2.9％増、４－６月期同1.1％増と４四半期連続でプラスとなっている。ただし、７－９月期については自動車の大幅な減産による影響でマイナスとなることが見込まれる。

図表Ⅰ－１－８　企業の生産活動の動向

（１）鉱工業生産・出荷・在庫・在庫率　　　　　（２）業種別の鉱工業生産

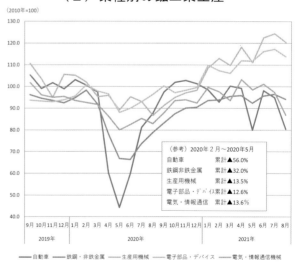

（注）季節調整値。
資料出所：経済産業省「鉱工業生産指数」より作成。

　次に、非製造業について、第３次産業活動指数の推移をみると、１回目の緊急事態宣言の発出により、2020年５月まで大幅な低下が続いたが、同年６月以降は宣言解除等もあり、５ヵ月連続で上昇した。しかし、年末から年初の感染者の急増に続き、21年入り後は２～４回目の緊急事態宣言の

発出・解除がなされる度、低下・上昇をくり返している。サービスを個人向けと事業所向けに分けて
見てみると、情報通信（事業所向け）、不動産賃貸業等の「広義対事業サービス」が新型コロナ・
ショック前の水準近く（▲３％強）にまで回復しているのに対し、「広義対個人向けサービス」、中で
も、飲食店・飲食業サービスや宿泊業、娯楽等の「広義し好的個人向けサービス」は、緊急事態宣
言の適用対象となったことから▲２割程度と依然低い水準にとどまっている。同様に、「観光関連
産業活動」も▲４割程度となっている。非製造業はこれまでの景気後退期においては比較的安定的に
推移してきたが、今回は人為的な要因により大きく落ち込んでいる点が特徴的である。９月末で４回
目の緊急事態宣言は解除されたが、経済活動は未だ正常化とまでには至っていないことから、非製
造業が新型コロナ・ショック前の水準にまで回復するにはかなりの時間を要するものと考えられる。

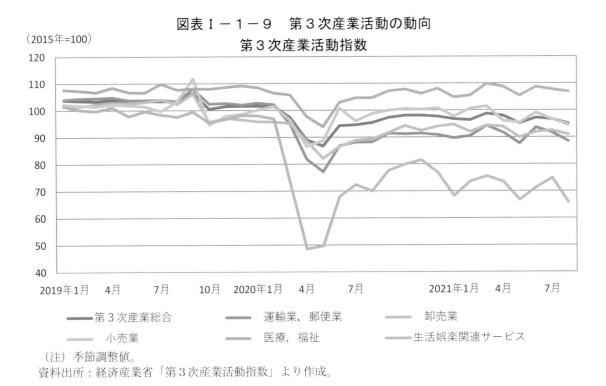

図表Ⅰ－１－９　第３次産業活動の動向
第３次産業活動指数

（注）季節調整値。
資料出所：経済産業省「第３次産業活動指数」より作成。

企業業績の動向－Ｋ字回復②

　法人企業の売上高・企業収益について、財務省の「法人企業統計」でみると、金融業・保険業を
除く全産業の売上高は2020年４－６月期に前年同期比▲17.7％減と世界金融危機以来の大幅なマイ
ナスを記録した。その後、製造業・非製造業共にマイナス幅を縮小させつつも、2021年１－３月期
前年同期比▲3.0％減と７四半期連続でマイナスが続いた後、同年４－６月期に前年からのウラもあ
るが、製造業を中心に10.4％増となった。製造業では輸送用機械、化学、非製造業では卸売・小
売、サービス業がプラスとなる一方で、製造業では食料品、非製造業では不動産業および電気業が
マイナスとなった。

　次に、金融業・保険業を除く全産業の経常利益は、2020年４－６月期に前年同期比▲46.6％減と
大幅に落ち込んだものの、その後、急速に減少幅を縮小させ、2021年１－３月期には、同26.0％増と
８四半期ぶりにプラスとなった後、４－６月期は93.9％増と更に大幅に増加した。内訳をみると、
製造業が全業種で前年同期比でプラスとなったため同159.4％増と高い伸びとなったほか、非製造
業においても情報通信業が携帯通信料の値下げの影響もありわずかに同▲1.9％減となった以外は全

ての業種がプラスに転じ、同64.2%増となっている。ただし、回復ペースは製造業と非製造業との間に相当の乖離が見られており、総じて非製造業よりも製造業の収益の回復が圧倒的に早い。

図表Ｉ－１－10　企業の売上高、企業収益の推移
（１）企業の売上、企業収益の推移
（全産業）

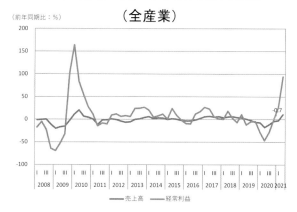

（２）企業の売上、企業収益の推移　　　　（３）企業の売上、企業収益の推移
（製造業）　　　　　　　　　　　　　　　（非製造業）

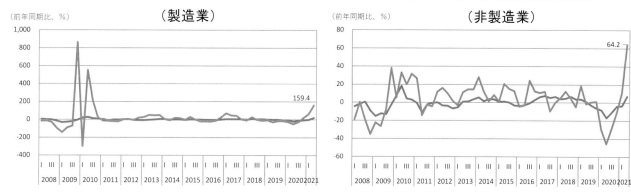

資料出所：財務省「法人企業統計季報」より作成。

設備投資の動向

　設備投資は、2020年10-12月期前期比年率18.3%増と前期からの反動から大きく伸びた後、2021年１-３月期同▲4.9%減、４-６月期同9.5%増と２四半期ぶりに増加した。設備投資も製造業を中心に回復しているが、非製造業も相対的に弱いながらも４-６月期はプラスとなるなど、持ち直しが続いている。

　設備投資の先行指標である機械受注・民需（除く船舶・電力）の推移をみると、2021年１-３月期前期比▲5.3%減となった後、４-６月期同4.6%増と２四半期ぶりにプラスとなった。その内訳をみると、製造業からの受注が全体を牽引している。製造業からの受注は４-６月期同12.1%増と２四半期ぶりにプラスとなった。外需やＩＴ需要の好調を背景に、一般機械関連の受注が増加傾向にある他、半導体不足により生産能力増強を迫られている半導体製造装置の受注も堅調である。非製造業からの受注は、外出自粛により運輸からの鉄道車両の受注がとりわけ弱く、１-３月期同▲9.2%減、４-６月期同▲1.8%減と２四半期連続でマイナスとなるなど、低迷が続いている。外需は、世界的な貿易拡大や半導体不足、原材料価格の高騰等から、半導体製造装置、船舶、電気計測器、産業用ロボット、建設機械、農林用機械の受注が高水準で続いており、2021年１-３月期前期比31.4%増、４-６月期同3.6%増と４四半期連続でプラスとなっている。今後も、設備投資の回復は、外需関連の製造業が中心になるものと見込まれる。世界的な供給制約問題や海外経済の回復の鈍化によ

り、夏以降、やや増勢に一服感がみられてはいるものの、財務省、内閣府による「法人企業景気予測調査」をみると、21年後半以降規模・業種問わず、多くの企業が設備投資を行う必要があると判断していることが窺われ、今後も景気回復のけん引力となることが期待される。

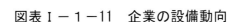

図表 I －1－11　企業の設備動向

（１）機械受注の推移

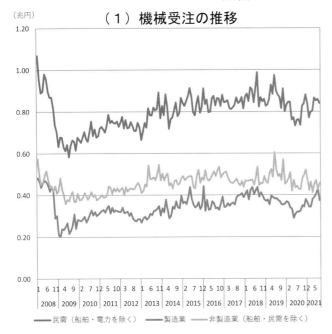

(注) 季節調整値。
資料出所：内閣府「機械受注統計」、財務省・内閣府「法人企業景気予測調査」より作成。

（２）設備判断の推移

		大企業		中小企業	
		製造業	非製造業	製造業	非製造業
2016年	1～3月	▲ 0.5	2.3	8.1	6.2
	4～6月	▲ 1.1	1.7	6.9	4.7
	7～9月	0.2	2.1	3.0	4.4
	10～12月	▲ 0.1	2.5	6.5	5.2
2017年	1～3月	1.5	2.2	7.4	4.6
	4～6月	1.3	2.4	10.0	5.5
	7～9月	2.2	2.6	11.8	6.4
	10～12月	3.5	2.7	11.8	7.2
2018年	1～3月	5.6	3.0	14.5	5.6
	4～6月	4.6	2.9	13.0	7.2
	7～9月	6.0	3.3	11.7	5.7
	10～12月	5.8	3.2	11.2	5.9
2019年	1～3月	0.8	2.6	10.8	5.9
	4～6月	1.2	2.0	8.1	7.6
	7～9月	0.2	3.1	7.8	9.4
	10～12月	0.8	2.4	6.2	7.5
2020年	1～3月	▲ 1.9	2.3	2.3	4.9
	4～6月	▲14.2	▲3.7	▲ 8.8	1.6
	7～9月	▲12.8	▲2.2	▲11.3	1.6
	10～12月	▲6.8	▲1.7	▲ 7.2	2.4
2021年	1～3月	▲ 3.8	▲1.3	▲ 4.4	2.4
	4～6月	▲0.9	0.1	1.9	6.7
	7～9月(見通し)	2.2	0.5	4.9	5.9
	10～12月(見通し)	1.0	1.1	3.8	5.9
2022年	1～3月(見通し)	0.5	0.7	0.1	3.9

(注) 四半期末の「不足」－「過大」社数構成比。

企業の設備投資計画について、日本銀行の「全国企業短期経済観測調査（以下、「日銀短観」という。）」（９月調査）をみると、2021年度の設備投資（含む土地投資額）は、前年度比7.9％増となっており、ほぼ全ての規模で増加を見込んでいる。ただし、規模別・業種別にみると、大企業・製造業は同13.3％増、大企業・非製造業も同8.2％増と高い伸びを示しているのに対し、中小企業・製造業は同6.4％増、中小企業・非製造業も同3.8％増と、製造業・非製造業共に相対的に低い伸びにとどまっている。より高い経済成長を実現するためには、大企業のみならず我が国の企業の大半を占める中小企業による積極的な設備投資が不可欠である。

企業倒産件数と資金繰りの動向

2020年の全国企業倒産は、㈱東京商工リサーチの発表によれば、新型コロナ・ショックにより急速かつ大幅な景気後退を経験したにもかかわらず、件数は7,773件（前年比▲7.2％減）、負債総額１兆2,200億4,600万円（同▲14.2％減）と歴史的にみても極めて低い水準にとどまった。金融機関による実質無利子・無担保融資などの資金繰り支援や各種政府補助金による下支えによる効果が大きく[9]、2021年も引き続き、倒産件数は月平均500件前後で推移している。

---

[9] 内閣府『日本経済2020-2021－感染症の危機から立ち上がる日本経済－』によれば、各種支援策に後押しされた企業の手元流動性の増加により、倒産件数は2020年４-６月期にかけて４～600件、７-９月期にかけて４～500件程度抑制されたと推計されている。

　その一方で、新型コロナ関連の経営破綻は2021年に入り急増しており、全国で2,094件に達している（10月７日現在）[10]。感染の再拡大の下、「緊急事態宣言」等が同年９月一杯に延長されるなど、サービス業を中心に厳しい事業環境が続いている。業種別にみると、来店客数の減少、休業要請などが影響した飲食業、工事計画の見直しの影響による建設業、小売業の休業が影響したアパレル関連（製造、販売）、出入国規制に伴うインバウンド需要の消失や旅行・出張の自粛が影響した宿泊業が多い。破綻企業の従業員数は判明している分で21,941人であるが、内訳をみると、従業員５人未満の企業が全体の件数の56.4％、従業員５人以上10人未満の企業が18.9％と従業員数が少ない小規模事業者が大半を占めている。こうした企業に対する金融支援は継続されているものの、業績不振が長期化する中で、過剰債務の問題も浮上している。息切れや事業継続をあきらめて破綻に至る小規模事業者を中心に、コロナ関連破綻は今後も増加する可能性がある。

　そこで、企業の資金繰りについて、「日銀短観」の「資金繰り判断ＤＩ（「楽である」－「苦しい」）」をみると、全規模合計では、2020年３月の＋13から同年６月に＋３に大幅に悪化したものの、その後、緩やかな改善を続け、2021年９月に＋11となった。しかし、中小企業・業種別にみると、2021年９月時点でも、宿泊・飲食サービスは▲46、対個人サービスは▲12、繊維は▲14となる等、一部の業種では資金繰りの悪化が依然として続いている。次に、「金融機関による中小企業向けの貸出態度判断ＤＩ（「緩い」－「厳しい」）をみると、大半の業種がプラスで推移する中、宿泊・飲食サービスのみが2020年６月以降連続してマイナスとなっており、しかも2020年６月の▲４から2021年９月には▲14へとマイナス幅が拡大している。これは、2021年３月末に、民間金融機関での公的保証による実質無金利・無担保融資が終了した影響で、経営が悪化した宿泊・飲食サービス業に対する民間金融機関からの資金調達が困難になっていることがあると考えられる。他方、日本銀行「主要銀行貸出動向アンケート調査」（10月調査）によると、金融機関による企業向けの資金需要ＤＩは▲３と２四半期連続でマイナスとなった。これは中小企業についてもマイナスとなっていることから、金融機関側では、資金需要は企業規模を問わず、ピークを過ぎたと判断していることを示している。

図表Ⅰ－１－12　企業向け資金需要の推移

（１）中小企業の資金繰りの局面比較

（注）世界金融危機時は、2008年３月＝０、新型コロナ
　　　時は、2020年３月＝０としている。
資料出所：日本商工会議所「ＬＯＢＯ調査」より作成。

（２）企業向け資金需要判断ＤＩ

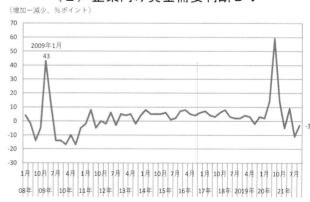

資料出所：日本銀行「主要銀行貸出動向アンケート調査」
　　　　　より作成。

---

[10] ㈱東京商工リサーチによる調査。

コラム　過剰債務問題の顕在化について

　「成長戦略実行計画」[11]によれば、新型コロナ・ショックにより、企業の債務残高は、2019年12月末の570.5兆円から2020年10-12月現在622.5兆円と前年同月差で52.0兆円増と急増した。これに伴い、新型コロナ・ショックの中で債務の過剰感があると感じる企業は、2021年4月に大企業14.5%、中小企業34.5%となっている。今後、事業再構築や事業再生を進めるにあたっては、こうした過剰債務問題の解決が重要である。

　内閣府（2021）[12]によれば、新型コロナウイルス感染症下における中小企業への資金繰り支援の多くは、100%の信用保証付きないし政府系金融機関が提供する実質無利子・無担保融資によるものである。企業の債務不履行が増加した場合であっても、民間金融機関の大幅な損失は避けられると考えられる一方で、信用保証協会による代位弁済が発生する。その場合、日本政策金融公庫が信用保証協会に対し、両者が締結した保険契約に基づき補填率に応じた保険金を支払うこととなる。他方、100%の信用保証付き債務について代位弁済が生じた場合には、国の信用保証関係予算[13]を通じて、損失の一部が補償されるほか、地方自治体が実施する制度融資に対応して付与される信用保証の代位弁済については、その一部について地方自治体が補償を行うケースもある。また、国は日本政策金融公庫に対して出資を行っているため、代位弁済の増加に伴う日本政策金融公庫の保険収支の悪化は、追加的な財政コストとなる可能性もあると指摘している。今回の危機に際しては、政府・日銀が大規模かつ迅速な資金供給を行った結果、当面の倒産コストを抑制することに成功したと評価する一方で、今後は、感染症下で借入を大きく増やした企業が収益を上げることで返済が可能となるよう、感染対策を講じながら経済の稼働水準を高めることが必要であるとしている。

図表Ⅰ－1－13　日本の非金融法人企業の債務残高の動向

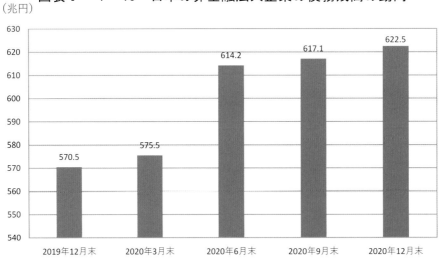

（兆円）

資料出所：内閣官房成長戦略会議事務局（令和3年5月）より抜粋。

---

[11] 内閣官房「成長戦略実行計画」（2021年6月18日閣議決定）

[12] 内閣府『新型コロナウイルス感染症下における企業の倒産減少と債務の増加』「マンスリー・トピックス No.063」（2021年8月17日）。

[13] 中小企業信用補完制度関連補助・出資事業。（1）経営安定関連保証等対策費補助事業（2）信用保証協会による経営支援対策費補助事業（3）中小企業・小規模事業者経営力強化保証事業から成り、令和3年度予算額は73.8億円。

第３節　新型コロナの感染状況に左右される消費者マインドと低迷が続く消費

　個人消費は、新型コロナウイルスの感染拡大・沈静化と高い相関をもって推移しており、新型コロナの感染が収束しない限りは、様々な支援策を講じたとしても、個人消費の下支えにはなっても、本格的な回復までにはつながらないと考えられる。

新型コロナの感染状況に左右される消費者マインドと家計の動向

　消費者マインドを内閣府の「景気ウォッチャー調査」の現状ＤＩ（３ヵ月前と比較した景気の現状に対する判断ＤＩ）でみると、最初の緊急事態宣言により2020年４月に過去最低となる8.3を記録したが、その後、緊急事態宣言が解除され、経済活動が再開されると、急速に持ち直した。その後、感染拡大の第３波の深刻化により2020年11月頃から悪化に転じたものの、感染が収束すると、2021年２月から３月にかけて持ち直した。感染第４波による悪影響が現れ始めた４月～５月に再び落ち込んだが、６月、７月と２ヵ月連続で改善した後、再度感染が拡大した８月に大幅に低下した。感染者の減少傾向が明確になり、４回目の緊急事態宣言の解除が具体的に視野に入った９月は56.6と４ヵ月ぶりに50を越えた。このように、消費者マインドは、新型コロナの感染状況に大きく左右される状況が続いている。

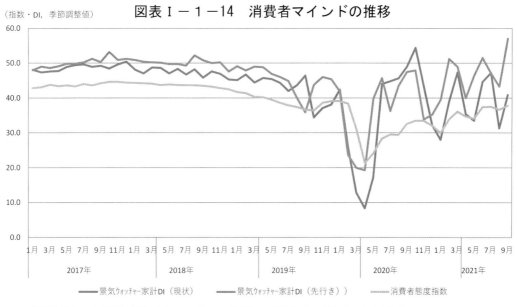

図表Ｉ－１－14　消費者マインドの推移

資料出所：内閣府「景気ウォッチャー調査」、「消費動向調査」より作成。

　新型コロナウイルスは、消費マインド面のみならず、家計の実際の消費行動にも大きな影響を与えている。実質消費支出（二人以上世帯の１世帯当たりの支出）については、2020年中～2021年２月までは対前年同月比でみてマイナス傾向を示していたが、2021年３月から３ヵ月連続で前年比プラスが続いた。しかし、６月は同▲5.1％減と再び大きなマイナスとなった。比較対象となる2020年４～５月は最初の緊急事態宣言が発令され、消費水準がかなり低下したが、６月は宣言が解除されて急速に回復した裏が出たことも大きい。総務省が追加で公表した「新型コロナウイルス感染症により消費行動に大きな影響が見られた主な品目など」をみると、在宅勤務などによる巣ごもり需要や外出自粛による影響により、冷凍食品や家飲み用飲料、内食用食材（パスタ、生鮮肉）、保健・医療費等が増加し、交通・通信費や旅行・宿泊への支出が大幅に減っていることがわかる。

図表Ｉ－１－15　勤労者世帯（二人以上）における消費動向

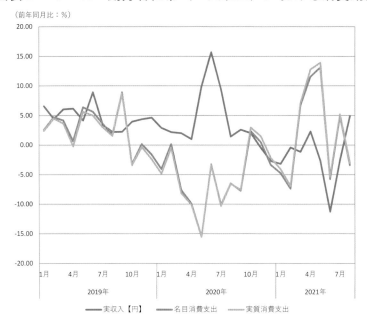

（注）実質消費支出は、（名目）消費支出を消費者物価総合で除して算出。
資料出所：総務省「家計調査」より作成。

　実質消費支出を季節調整値でみると、最初の緊急事態宣言発令下の2020年５月に、2000年以降で最低の水準を記録した。2019年10月の消費税引上げの反動減（前月比▲10.3％減）から回復できないまま、新型コロナウイルスの影響を受けたことが大きい。その後、プラスマイナスを繰り返しながら、徐々にパンデミック前の水準に回復しつつあったが、３回目の緊急事態宣言の対象地域が拡大された2021年５月前月比▲6.5％減、６月同▲11.6％減と、２回目の緊急事態宣言が発令された2021年１月の同▲11.3％減以来のマイナス幅を記録した後、反動で７月は同7.5％増となったが、４回目の緊急事態宣言を受け、８月同▲2.9％減と戻りは弱く、引き続き低迷している。

　その一方で、インターネットを利用した消費支出は2020年２月以降、増加している。総務省の「家計消費状況調査」によれば、インターネットを利用した１世帯当たりの支出総額（２人以上の世帯）は、2020年平均で16,339円（前年比14.0％増）、2021年１－３月期平均で17,115円（前年同月比26.5％増）、４－６月期17,757円（同11.6％増）とほぼ一貫して増加していることが分かる。ネットショッピングを利用した世帯の割合も、2019年平均の42.8％から2020年平均48.8％、2021年１－３月期51.9％、４－６月期52.4％と急速に高まっている。新型コロナウイルス感染拡大の防止のため、「新しい生活様式」の実践が求められ、人との接触を避けるためにインターネットの利用を増やしているためとみられる。また、インターネットを利用した支出の内訳について、2019年から2020年にかけての割合の変化をみると、食料、衣類・履物、デジタル・コンテンツの割合が高まる一方で、移動規制やイベントの開催制限を反映し、旅行関係費・チケットの割合が大きく低下している[14]。

---

[14] 消費者庁「令和３年版消費者白書」（2021年６月８日）

図表Ⅰ－1－16　インターネットを活用した消費の動向

インターネットを利用した支出の内訳の変化　　ネットショッピングの1世帯当たり支出及び利用世帯割合

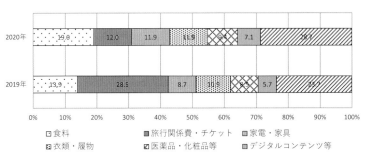

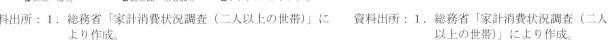

資料出所：1．総務省「家計消費状況調査（二人以上の世帯）」により作成。
　　　　　2．「その他」には贈答品、自動車盗関係用品、保険、上記に当てはまらない商品・サービスの合計。

資料出所：1．総務省「家計消費状況調査（二人以上の世帯）」により作成。

コラム　特別定額給付金の効果について

　2020年4月に閣議決定され、その後、随時実施された全世帯に1人当り10万円を支給するという「特別定額給付金」の効果については、様々な分析が行われているが、ここでは、早稲田大学の久保田・大西・遠山による銀行口座（約280万口座）の入出金記録データを用いて、消費行動への影響を分析した研究結果（2021）を紹介する[15]。

　2020年4月に決定された「定額給付金」の入金以降、家計の出金額、現金引き出し額が急激に増加していることが分かる。具体的には、入金後6週間の間に、10万円の定額給付金のうちおよそ3.1万円がATMから現金で引き出され、それを含む4.9万円が口座から出金された。このような引き出し傾向は、コロナ禍で同様の給付金支給が行われた米国を対象とした分析結果とも同様で、少なくとも日本において給付金の支給が消費に影響を及ぼさなかったとはいえない。

　次に、預金残高が少ない低所得の家計における給付金の影響を計測すると、給付金の入金週に出金が急増、その後急速に元に戻り、4週目には平常状態となる現象が見られた。逆に、預金残高に余裕がある世帯では、給付された週の伸びは小さい一方、出金の増加が長期的に続く傾向が見られた。これは、前者の家計では日常生活の手当に給付金が使われた一方、後者では緊急性を要しないものの購入に充てられた可能性を示している。

　これらの結果からいえるのは、第1に、家計内の資産移動やタンス預金に留意する必要はあるものの、今回の定額給付金の支給は家計の消費を一定程度増やした可能性が高いこと、第2に、一律ではなく、相対的に低所得の家計に限定してより手厚く給付したほうがより大きい消費関係効果を得られた可能性である。大きく所得が減少した家計に限って給付することができれば、消費もより大きく伸び、また困窮世帯救済という公平性の観点からも望ましかった可能性があると指摘している。

[15] 久保田荘・大西宏一郎・遠山祐太「一律10万円の給付金で家計消費は増えたのか」『週刊東洋経済　2021年3月13日号』。

> **コラム**　過剰貯蓄が個人消費を押し上げる可能性について
>
> 　アメリカでは、ワクチン接種の進展により、2021年春以降、各種行動制限が緩和・撤廃された結果、消費者マインドの改善と相まって、2020年に積み上がった過剰貯蓄[16]を取り崩す形で、消費ブームが生じている。
>
> 　日本でも、度重なる緊急事態宣言等の発令により、個人の行動制限が行われたため、所得は消費されずに貯蓄に回り、消費性向が平常時よりも大きく低下している状態が続いている。この結果、内閣府の「家計可処分所得・家計貯蓄率四半期別速報」でみたマクロベースの家計の貯蓄額は、特別定額給付金などの政策支援措置の影響もあり、2020年度は38.2兆円と2019年度の9.9兆円の約4倍の水準に達した。この結果、家計貯蓄率も、2019年度の3.2%から2020年度は12.1%と大きく伸びた。四半期ベースでみても、家計貯蓄率は、特別定額給付金の支給が行われた2020年4-6月期に21.8%と過去にない高水準に達した後も、7-9月期11.3%、10-12月期6.1%、21年1-3月期8.7%、4-6月期7.8%とピークからは低下しているものの、依然コロナ前の平常時の1%台の水準を大幅に上回る状況が続いている。

図表Ⅰ－1－17　貯蓄額及び貯蓄率の推移

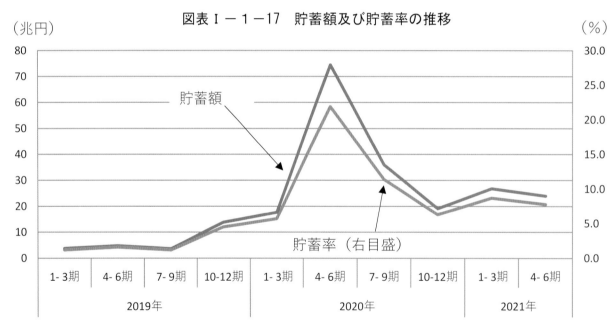

資料出所：内閣府「家計可処分所得・家計貯蓄率四半期別速報」より作成。

　日本でも、ワクチン接種が進むと、人々が感染リスクが低下したと認識して消費活動を活発化させることにより、アメリカと同様の規模の消費ブームが起きるかどうかについて関心が集まっている。

　日本銀行（2021）[17]によれば、感染症の影響下で消費機会を失ったことなどにより、可処分所得のうち半ば強制的に貯蓄に向かった「強制貯蓄」のマクロ的な規模を、昨年1年間の累計で20兆円程度（特別定額給付金から貯蓄に回った部分を除く）と試算しており、感染症が収束に向かう過程で

---

[16]　アメリカにおける過剰貯蓄は2.1兆ドル（可処分所得の12%程度）であるという試算もある。これは、通常時の貯蓄額（平均）の7300万ドルの3倍の規模に相当する。

[17]　日本銀行「経済・物価情勢の展望」（2021年4月）。

その一部が取り崩され、個人消費を押し上げる可能性があると指摘している[18]。

その一方で、吉川・山口（2021）のように、消費性向の低下は、新型コロナ・ショック以前のかなり前から起きている中長期的な現象であり、その背景には、社会保障の持続性や消費税増税への懸念や所得・賃金上昇期待の低下といった消費者の漠然たる将来不安があるとの指摘もある。こうした状況下では、消費を抑えて老後の生活資金等の目的のために貯蓄に回そうとする消費者の行動はある程度合理的であると言える。したがって、我が国の場合、ワクチン接種の進展により個人の行動制限が解除されたとしても、アメリカのような消費ブームにつながらない可能性も十分考えられる[19]。

次に、販売側統計を経済産業省の「商業動態統計」でみてみると、小売業販売額は2020年10-12月期前年同期比4.2％増、2021年1-3月期同1.9％増、4-6月期同6.5％増と3四半期連続でプラスとなった後、7月は前年同月比2.4％、感染が拡大した8月は同▲3.2％減と21年に入って初めてマイナスとなるなど弱い動きとなっている。小売業販売額は、2020年前半に新型コロナウイルスの感染拡大で深刻な影響を受けて大きく落ち込んだ後、年末にかけて持ち直していたが、2021年に入ると、相次ぐ緊急事態宣言の発令及び延長により、休業を余儀なくされた百貨店やコンビニ・家電大型専門店等を中心に大きく落ち込んだ[20]。また、2021年に入り、半導体不足等から自動車販売額が大きく減少しているほか、食飲料についても、時短営業要請に加えて、3回目及び4回目の緊急事態宣言において酒類提供停止要請が出された影響により特に飲料が振るわず、夏以降の小売業販売額の回復は総じて緩やかなものとなっている。

第4節　過熱する金融市場

新型コロナウイルスの欧米における感染拡大を受けて、米国株は2020年3月には約▲3割の急落を余儀なくされたが、その後は、FRBの緊急利下げの実施や低金利環境や企業業績の回復期待を背景に調整局面を経ながらも、総じてみれば上昇基調を維持した。また、11月の米国大統領選挙やワクチン開発の進展により、ダウ平均株価は11月24日に史上初30,000ドルの大台を突破し、2021年8月10日には米上院が総額約1兆ドルに上るインフラ投資法案可決を受け一時3万5,264.67ドルを記録した後も3万4,000〜5,000ドル台で推移している。日本株については、新型コロナ・ショック時に、海外投資家を中心としたリスク回避の動きから、3月には16,000円台にまで急落したものの、その後、日本銀行によるETF買入れ額の大幅拡大による下支えもあり、9月半ばには3万円を突破し、10月以降も2万円台後半で推移している。

各国中央銀行による感染拡大初期における迅速な政策対応により、金融市場の混乱は回避された一方で、2021年に入り、金融市場の過熱感や市場の歪み（例：デジタル資産の高騰や米国における特別買収目的会社（SPAC）に対する投資過熱）を示唆する事例も生じており、過剰流動性の存在が新たな危機の発生、あるいは急速な金融引き締めにつながる可能性が懸念される[21]。

---

[18] 日本銀行「経済・物価情勢の展望」（2021年4月）。

[19] 山口廣秀・吉川洋「消費回復へ賃金デフレ脱却　コロナ後のあるべき政策」『日本経済新聞　経済教室』（2021年4月26日朝刊）。
　　吉川洋・山口廣秀・杉野豊「コロナ禍と個人消費」（日興リサーチセンター　2021年3月19日）。

[20] 巣籠もり需要の続くスーパーは影響が比較的限定的であった。

[21] 日本総研「過剰流動性下で高まるシャドーバンキングセクターでの金融リスク〜金融リスクにも配慮したマクロ金融・経済政策を〜」（2021年5月19日）。

図表Ⅰ－1－18　主要国株価の推移
（1）日経平均株価（終値）の推移

（2）ＮＹダウ平均株価（終値）の推移

第5節　財政・金融政策の動向

　新型コロナ・ショックが日本経済に及ぼした影響と、その中で実施された政策対応について概観すると、2020年前半は、各国政府が新型コロナウイルスの感染拡大を防止するために強制的に経済活動を抑制し、積極的に需要を抑えた局面である。次いで2020年後半〜2021年1〜3月期は、ワクチン接種が進んでいない段階の下、感染拡大を防ぎつつ経済活動を慎重に再開していく局面であったといえる[22]。4月以降、我が国は急速にワクチン接種を進めた結果、国民のワクチン接種率は米国を超えて約7割となり、2021年12月にも医療従事者等に3回目の接種を行うまでになった。しかし、経済活動の完全な正常化までにはやや時間を要するものと見込まれる。

---

[22]　小峰隆夫「コロナショック下の日本経済と経済政策」『季刊　個人金融　2021春』。

　こうした政府の対応について、吉川・山口（2021）は、「政府は、『感染拡大防止と社会経済活動の両立』を旗印としてきた。しかし、感染拡大フェーズでは、経済はいったん脇において感染対策に集中することが、新型コロナウイルス感染拡大防止のグランドデザインである。この原則の不徹底が、昨年来の感染拡大の一因になったものと思われる」と指摘している[23]。

新型コロナウイルスに対し政府・日本銀行の講じた政策対応

　コロナ禍で世界的に大きな政府が指向される中で、財政政策と金融政策の役割分担が希薄化した結果、各国共に財政政策と金融政策の融合という問題に直面している。

　政府は、新型コロナウイルス感染症拡大に対応するため、2020年度に三次にわたる補正予算を編成するとともに、国債を約80兆円増発し、事業規模総額で290兆円程度の対応を行っている。また、2021年度予算においては、新型コロナ対策予備費を5兆円計上するなど、感染拡大予防と雇用・事業の継続に万全を期すべく対応している[24]。内訳をみると、2020年4月30日に成立した「2020年度第1次補正予算」及び6月12日に成立した「第2次補正予算」では、給付金や雇用継続・事業継続のための「つなぎ」的な措置が大半であったのに対し、2021年1月28日に成立した「2020年度第3次補正予算」では、ポストコロナに向けた経済構造の転換・好循環の実現に向けた措置が主となっている。

　こうした政策対応の効果もあり、企業の倒産件数や失業率の上昇は比較的抑制されてはいるが、2021年夏以降の変異株の流行を受けて4度目の緊急事態宣言が発出されたり、今冬にも第6波襲来が懸念されるなど、新型コロナウイルスの感染収束には未だ道半ばである。政府には、三次にわたる補正予算を含む2020年度予算の繰越分や2021年度予算の迅速な執行及び補正予算の編成のほか、新型コロナ対策予備費5兆円の活用を通じて、引き続き感染拡大の防止や、事業や雇用、生活への支援に対応していくことが求められる。

　新型コロナウイルス感染症拡大の影響は金融面にも及んでいる。日本銀行は、「長短金利操作付き量的・質的金融緩和」の枠組みのもとで、2020年3月以降、新型コロナウイルスの影響への対応として、新型コロナウイルス感染症が経済に及ぼす影響を踏まえ、①新型コロナ対応資金繰り支援特別プログラム、②国債買入れやドルオペなどによる円貨および外貨の潤沢かつ弾力的な供給、③ＥＴＦおよびＪ－ＲＥＩＴの積極的な買入れの実施といった強力な金融緩和を実施し、企業等の資金繰り支援と金融市場の安定、及びそれらを通じた緩和的な金融環境の維持に努めている[25]。

　2021年3月の金融政策決定会合では、「より効果的で持続的な金融緩和を実施していくための点検」を行った上で、①貸出促進付利制度の創設、②長短金利操作（イールドカーブ・コントロール）について、平素は柔軟な運営を行うため、長期金利の変動幅は±0.25％程度であることの明確化、③ＥＴＦおよびＪ－ＲＥＩＴの年間増加ペースの上限を感染症収束後も継続することとし、必要に応じて買入れを行うことなどを決定し、その後も同政策を継続している。

　この結果、日本の10年物長期国債は、2020年3月中旬に大きく変動した後は、長期金利の操作目標が「ゼロ％程度」で据え置かれたなか、経済・物価情勢や海外金利の動向などにより多少の変動

---

[23]　吉川洋・山口廣秀・杉野豊「コロナ禍と財政・金融政策」日興リサーチセンター（2021年4月27日）。
[24]　財政制度等審議会「財政健全化に向けた建議」（2021年5月21日）。
[25]　日本銀行「2020年度の金融調節」（2021年6月9日）。

はあるものの、日本銀行の積極的な買入れにより概ね０％程度で推移している。また、新型コロナウイルス感染症対応金融支援特別オペは、幅広い金融機関に積極的に利用され、コロナ禍の下で企業や家計の資金繰りを支援した。

　その後、日本銀行は、2021年７月に金融政策の据え置きを公表すると同時に「経済・物価情勢の展望（基本的見解）」[26]と「気候変動対応を支援するための資金供給の骨子素案」を提示した。

　以上のような金融市場調節運営のもとで、日本銀行のバランスシートは2020年度末には714.6兆円と2019年度末に比べ、＋110.1兆円の増加となった他、マネタリーベースも2020年度末には643.6兆円と2019年度末に比べ＋133.8兆円の増加となった。

財政リスクと財政健全化

　国の財政支出（一般会計・決算ベース）は、1991年度70.5兆円から2018年度99.0兆円、2019年度104.7兆円、2020年度147.5兆円と大幅に増加している。新型コロナウイルスの感染拡大に対応するための３度の補正予算で歳出が大幅に増加したためである。その一方で、2020年度の税収は、消費増税の影響や納税猶予特例・消費税の納付遅れ等の特殊要因により、60.8兆円と過去最高を記録した。また、年度内に予算を消化できず、2021年度に繰り越された繰越金は30兆7,804億円に達し、こちらも過去最高を記録している。

図表Ｉ－１－19　国の予算・決算額の推移

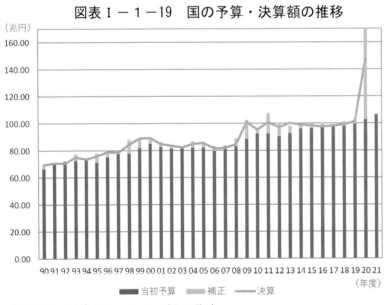

資料出所：財務省ホームページより作成。

　内閣府が2021年７月末に公表した「中長期の経済財政に関する試算」[27]によれば、国・地方の基礎的財政収支赤字の対ＧＤＰ比は、2019年度の▲2.6％減から2020年度は感染症に対応するための補正予算による歳出増等から▲10.5％減程度に急激に悪化し、2021年度は前年度補正予算の繰越し等の影響を含め▲6.8％減程度となる見込みである。また、債務残高対ＧＤＰ比率は、2019年度末の190.7％から2020年度末に209.2％へと大幅に上昇した後、2021年度末には211.0％となる見込みである。

---

[26]　当面、新型コロナウイルス感染症の影響を注視し、必要があれば躊躇なく追加的な金融緩和措置を講じる。政策金利については、現在の長短金利の水準、または、それを下回る水準で推移することを想定している。

[27]　内閣府「中長期の経済財政に関する試算」（2021年７月21日）。

　今後について、「成長実現ケース」の場合は、ＧＤＰ成長率は、ワクチン接種の促進等もあって2021年中にコロナ前の水準を回復した後、中長期的にも、グリーン、デジタル、地方活性化、子ども・子育ての４つの重点分野における政府による民間投資を引き出す取組により、潜在成長率を現下の０％台後半から2025年には2.0％にまで着実に上昇させることで、実質ＧＤＰ２％程度、名目ＧＤＰ３％程度を上回る高い成長率を実現するとされている。これにより、名目ＧＤＰが600兆円に達する時期は、2024年度頃と見込んでいる。これに対し、経済が潜在成長率並みで将来にわたって推移する「ベースラインケース」の場合には、実質ＧＤＰ１％程度、名目ＧＤＰ１％台前半程度の成長率にとどまり、名目ＧＤＰ600兆円を達成するのは2026年度になると見込んでいる[28]。

　その結果、国・地方の基礎的財政収支赤字の対ＧＤＰ比は、「成長実現ケース」の場合には、2025年度は▲0.5％減の赤字となり、黒字化は2027年度となるのに対し、「ベースラインケース」の場合には、2025年度▲1.3％減の赤字、試算期間の最終年度である2030年度でも▲0.9％減の赤字となっている。また、債務残高対ＧＤＰ比は、「成長実現ケース」の場合には安定的に低下することが見込まれるものの、「ベースラインケース」の場合には、200％台で概ね横ばいで推移するとしている。

　しかし、蓋然性の観点からは、内閣府の「中長期の経済財政に関する試算」をみるにあたっては、「成長実現ケース」よりも、「ベースラインケース」に注目するべきであろう。

　そもそも、2018年度の「経済財政運営と改革の基本方針（骨太の方針）」で掲げられた、2025年度の国・地方を合わせた基礎的財政収支の黒字化という目標自体の扱いが、コロナ禍による大幅な歳出増加もあって、やや中途半端なものとなっている。2020年度の骨太の方針では、この目標は感染症対策を優先するとして削除され、2021年度の同方針においては、同目標は２年ぶりに復活したものの、「感染症でいまだ不安定な経済財政状況を踏まえ、本年度内に感染症の経済財政への影響の検証を行い、その検証結果を踏まえ、目標年度を再確認する」との文言が付された。このような一連の政府の対応は、市場や国民の我が国の財政政策に対する予見可能性を損ないかねない。政府はできるだけ早期に実現可能性のある財政健全化目標を定め、堅持する姿勢を国民に示すべきである。

　その上で、コロナ禍による政府債務残高の増加や少子高齢・人口減少社会のさらなる加速を踏まえると、短期的にはコロナ禍で顕在化した格差拡大やデジタル化の遅れ等、諸課題の克服に注力するとともに、限られた財源を効果的に活用する観点から、将来の生産力の拡大につながる政策、例えば人的資源や研究開発、ＤＸ投資などを優先分野とし、その具体的な取組みの内容及び想定される政策効果を国民に明確に示していく必要がある。また、中長期課題としては、歳出・歳入両面からの改革をより一層着実に進めることによる将来世代の負担軽減と併せ、債務残高対ＧＤＰ比を安定的に引き下げる必要性がますます高まったといえよう。

---

[28] 内閣府の「中長期的な経済財政に関する試算」については前提が楽観的すぎるのではないかという指摘がなされることが多い。例えば、小塩は「中長期試算については、「成長実現ケース」は、これまで数年のうちに潜在成長率が極めて順調に上昇するシナリオを常に想定してきた。しかし、実績値をみれば分かるように、その想定は繰り返し大きく上に外れている。これまでの経験を振り返ると明らかなように、足元の1％弱で推移を想定するベースラインケースの方が現実的だと考えてよいだろう」と指摘している。（小塩隆士「「中長期試算」をどう読むか、「ベースラインケースの意味」」（東京財団政策研究所　2021年７月８日）。

図表Ⅰ－1－20　中長期の財政の見通し

（1）国・地方の基礎的財政収支の試算

（2）公債等残高の推移

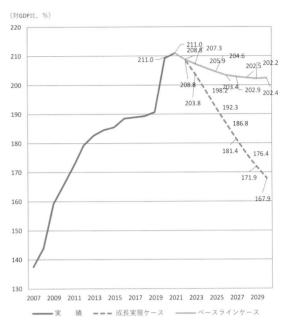

（注）復旧・復興対策の経費及び財源の金額を除いたベース。
資料出所：内閣府「中長期の経済財政に関する試算」（2021年7月21日）より作成。

コロナ後を見据えた国民的議論の必要性

　新型コロナウイルス感染拡大は、政府のデジタル化の遅れなど経済社会の脆弱性を浮き彫りにするとともに、人口減少・少子化、社会保障問題、環境問題等、これまで長年解決を先延ばししてきた課題を改めて顕在化させることになった。

　コロナ禍で政府・日本銀行が緊急避難的に講じた財政・金融面での諸措置は、企業の倒産と国民の生活破綻をある程度抑えることに成功したものの、財政赤字を一段と拡大させた。このことは、社会保障の持続性を含め国民の将来不安をさらに高めることにつながりかねない。早晩、どのタイミングで縮小・解除させるのかという課題に直面することになるが、長期金利が上昇し国債価格が下落すれば、さらなる財政危機につながりかねないリスクがあるため、逼迫した財政の運営を支援するために、中央銀行はその独立性という大義名分はありながらも、政府より金利を低水準に維持することを長期にわたり求められる可能性が高い。これは我が国に限らず、コロナ禍により大規模な財政・金融政策を出動させている多くの国が共通に抱える問題ではあるが、とりわけ日銀の場合、ＥＴＦ（上場投資信託）の買い入れをはじめ、これまで長年にわたり採られてきた各種金融緩和政策の結果、バランスシートの規模は世界的にみても極めて大きいものとなっている。故に、日銀が出口戦略を検討する際には、市場や国民が財政や金融に対し不確実性を抱かないような環境を創出することを最優先とし、財政再建との両立を図るべく、政府と緊密に調整した上で進めていくことが不可欠である。したがって、金融政策と財政政策の融合は当面継続されることが見込まれる。

　それだけに、コロナ後を見据え、社会保障改革及び税制の抜本改革を通じた中長期的に持続可能な財政の実現に向け、今後具体的にどのように取り組んでいくかにつき、改めて国民的な議論を深

める[29]とともに、これらの制度を支える賃金引き上げの実現に向け、労働生産性向上をいかに図っていくか[30]が喫緊の課題となっている。

　長期的な受益と負担の在り方に関する国民的な議論を行うにあたっては、中立的な立場で国民から信頼される主体により、現実的かつ透明性の高い長期財政試算が示されるとともに、各種改革メニューの財政効果が明らかにされる必要がある[31]。そのためにも、諸外国と同様、日本においても中長期的な財政運営の客観的評価と監視を行う独立財政機関の設置について検討が行われるべきである[32]。また、政府による経済見通しだけでなく、民間サイドにおいても「中長期的な財政試算」を作成・公表する動きが出てくることが、国民による活発な議論を喚起する上でも期待される。

　また、コロナ禍の下で講じられた大規模な金融緩和政策を必要以上に長期間継続することは、民間金融機関の収益低下をはじめ、株式市場の歪みや日本銀行のバランスシートの悪化等の副作用を招く。いつどのような形で終了させるのか、早期に方針を策定・提示することが日本銀行に求められている。さらには、これまで日本銀行は 2 ％の物価目標達成のため、あらゆる政策手段をつぎ込んできたが、現状は目標達成から程遠い。現下のグローバルな資産バブルが崩壊した場合にはどのように対応するのか、また金融政策の正常化をどのように実現するのか、長期的な戦略を具体的に国内外に示していくことが求められる[33,34]。

---

[29]　吉川洋・山口廣秀・杉野豊「コロナ禍と財政・金融政策」日興リサーチセンター（2021 年 4 月 27 日）

[30]　成長戦略実行計画（令和 3 年 6 月 18 日）

[31]　経済同友会「活力ある健康長寿社会を支える社会保障のあり方－コロナ禍を経て、今改めて考える－」（2021年 7 月20日）。

[32]　連合「政府の「経済財政運営と改革の基本方針2021」に対する談話」（2021年 6 月18日）。

[33]　吉川洋・山口廣秀・杉野豊「コロナ禍と財政・金融政策」日興リサーチセンター（2021 年 4 月27日）。

[34]　河村小百合「ポストコロナの財政・金融政策　"放漫財政"と"財政従属"からの脱却」（『金融財政ビジネス』2021年 4 月26日）。

第2章　世界経済の現状とリスク

第Ⅰ部　第2章のポイント

第1節　世界経済の不均一な回復

○2021年に入り、世界経済の見通しには一定の明るさは見られるものの、景気回復のスピードは依然として国、地域により大きく異なり、公衆衛生と政策支援の有効性に左右されている。

○ワクチン接種の進展とともに、先行して社会経済活動を再開した欧米諸国では消費が活発化し、景気回復に向かいつつある一方で、ワクチン接種が遅れているアフリカ等新興市場国・発展途上国では、新型コロナウイルスの感染拡大が止まらず、景気回復の足を引っ張っている。このようないわゆる「ワクチン格差」の拡大により、世界経済の断層は一層拡大しており、中長期的な世界経済の成長力の低下が懸念されている。

第2節　世界各国の財政・金融政策

○新型コロナ・ショックに見舞われた各国では、前例のない規模での財政・金融政策を迅速に実施したことにより、大幅な景気の落ち込みを回避することには成功した一方で、財政状況は急速に悪化しており、コロナ後を見据えた財政再建に向けた取組みが極めて重要となっている。

○同時に、世界各国の中央銀行は緊密に連携しつつ、経済活動と企業金融の下支え及び金融市場の機能維持を図った結果、国際金融システムにおける著しい信用収縮は回避され、金融市場の安定は確保された。その一方で、大規模ないし無制限の資産買入の実施により、世界各国の主要中央銀行のバランスシートは急速に拡大している。

○2021年に入って以降、世界的なエネルギー・一次産品価格の高騰によりインフレリスク及び為替リスクが高まっていることを受けて、新興市場国では政策金利の引上げによる金融引締めの動きが広がっているのに対し、先進国では金融緩和が継続されている。

○新型コロナ・ショックに対する危機対応として実行された前例のない規模及び手段による財政・金融政策は、経済の落ち込みを最小限に抑え、その後の景気回復においても大きな役割を果たしている一方、各国は、どのタイミング及びプロセスで縮小・解除するのかという課題に直面している。

第２章　世界経済の現状とリスク

　前章でみたとおり、新型コロナウイルス感染拡大から１年半余り経過したものの、繰り返し発出された緊急事態宣言等の影響もあり、わが国の景気は回復軌道に乗ったとは言い難い。2021年４-６月期の実質ＧＤＰ成長率は、１-３月期に前期比▲1.1％となった後の同0.5％と、依然景気回復は力強さに欠けている。他方、海外の主要国・地域の４-６月期の成長率は、米国が前期比1.6％、中国が前年同期比7.9％、回復がやや遅れていたユーロ圏でも前期比2.2％となっている。今般の日本の景気回復を主として支えているのは、こうした海外経済の回復を受けた輸出の増加、及びそれに伴う製造業を中心とした設備投資の回復であるため、海外経済の動向が我が国の景気を大きく左右する構造となっている。しかし同時に、世界経済の回復は、原油・原材料価格の高騰を通じた我が国の交易条件の悪化や、ＥＶの製造に不可欠な半導体をはじめ部品や原材料の供給不足をもたらすなど、日本の景気回復にとってリスクでもある。第２章ではこうした構造を踏まえつつ、世界経済の現状を概観する。

第１節　世界経済の不均一な回復

　新型コロナウイルスの感染拡大を防止するために、人やモノの移動を制限し需要及び供給を人為的に抑制せざるを得なかったことにより全世界で経済が混乱した2020年は、過去の経済危機とは異なる性格を有していたと言える。2021年に入り、世界経済の見通しに一定の明るさはみられるものの、景気回復のスピードは依然として国により大きく異なっており、公衆衛生と政策支援の有効性に大きく左右されている。2020年は、まず一早く新型コロナウイルスの感染拡大を抑え込んだ中国の高い経済成長が世界経済を牽引したが、その後は大規模かつ迅速な財政出動の効果もあり、着実に景気回復を続けている米国が中心となって世界経済を牽引している。また、2021年２月以降、欧米を中心にワクチン接種が開始され、ワクチン接種の進展とともに社会経済活動の制限を解除していった。このように社会経済活動が再開した国々から先行して消費が活発化し景気回復に向かう一方で、ワクチン接種の遅れているアフリカ等の新興市場国・発展途上国では、新型コロナウイルスの感染拡大が止まらず、景気回復の足を引っ張っている。こうした状況は、中長期的に貧富の格差拡大のみならず、世界経済の成長力を損ないかねないとの懸念が高まっている。

　ＩＭＦは、こうした状況について、2021年10月に示した世界経済見通し[1]の中で、世界経済は回復を続けているが、同時に先進国と新興市場国・発展途上国との間の格差は拡大しており、米国主導で先進国の成長率が上向く一方で、新興・発展途上国の回復ペースは引き続き鈍化している。2021年末までに人口の40％がワクチン接種を完了し、2022年までに人口の70％がワクチン接種を完了するという目標に対し、依然、世界の半数の国、人口では35％に相当する人々がワクチン接種を受けられない状況にあり、すでにワクチン接種を大方終えている国は、ワクチンをこれらの国へ寄付すべきと指摘している。

---

[1] IMF "World Economic Outlook −Recovery During a Pandemic−"（Oct. 2021）

図表Ⅰ－２－１　ワクチン接種完了者の割合（ＩＭＦ推計）

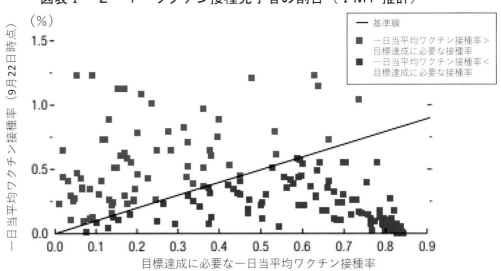

資料出所：IMF "World Economic Outlook, October 2021" より作成。

次に、米国経済、ユーロ経済、中国経済の動向について概観する。

　米国経済は、実質ＧＤＰが2020年４－６月期に前期比▲9.1％（前期比年率▲31.2％減）と世界金融危機時を上回る落ち込みを経験したが、現金給付や金融支援を含む大規模かつ迅速な財政出動により、７－９月期同8.5％増（同33.8％増）と短期間で回復に転じた[2]。その後も、景気は着実に回復を続けており、2021年１－３月期同1.5％増（同6.3％増）、４－６月期同1.6％増（同6.5％増）と４四半期連続でプラスとなり、同年４－６月期には新型コロナ・ショック前の2019年10-12月期の経済水準を上回った。ワクチン接種の進展と同年３月から開始された現金給付の支給により、個人消費が急速に回復したことのほか、設備投資が緩やかに増加したことによる。先行きについては、景気回復が続くことが期待されるものの、国内外の感染の動向、夏以降顕著となった供給制約や物価上昇圧力の急激な高まりにより、そのペースはやや緩やかとなることが見込まれる。

　ユーロ経済（19ヵ国）は、実質ＧＤＰが新型コロナウイルス感染の影響を強く受け、2020年４－６月期前期比▲11.7％減（前期比年率▲39.1％減）と大きなマイナス成長を記録した。その後、７－９月期に同12.6％増（同60.9％増）となったものの、その後は、10-12月期同▲0.4％減（同▲1.7％減）、2021年１－３月期同▲0.3％減（同▲1.1％減）と２四半期連続でマイナスとなった。その後、ワクチン接種の普及で経済活動の正常化が進んだため、４－６月期は同2.2％増（同9.2％増）と３四半期ぶりにプラスとなり、景気は依然として厳しい状態にあるものの、持ち直しの動きが見られる。国別にみると、ドイツが前期比1.6％増、フランスが同1.1％増、イタリアが同2.7％増、スペインが同1.1％増となっている。先行きについては、新型コロナウイルスのワクチン接種の進展や経済活動の制限措置の緩和に伴い、景気は持ち直しの動きが続くことが期待されるものの、感染の再拡大や急激な物価上昇圧力の高進の長期化といったリスクには、引き続き留意する必要がある。

---

[2]　ＮＢＥＲ（全米経済研究所）は、新型コロナウイルスのパンデミック前の景気拡大の「山」は2020年２月、パンデミックによる景気後退の「谷」は2020年４月だったと公表した。したがって、新型コロナウイルスのパンデミックによる景気後退は、2020年３月～４月の２ヵ月間と過去最短期間となる。

　中国経済は、2020年１-３月期に前年同期比で▲6.8％減とマイナスを記録したものの、４-６月期には同3.2％増と世界に先駆けてプラスを記録し、2020年の成長率は2.3％増と主要国では唯一プラスとなった。しかし、2021年１-３月期の実質ＧＤＰ成長率が前年同期比18.3％と統計データをさかのぼることができる1992年以降で最大の伸び率を記録した後は、４-６月期に同7.9％増とやや減速し、７-９月期は同4.9％となり、景気の回復テンポはこのところ鈍化している。これは、国際商品価格の高騰によるコスト高に伴う企業投資の鈍化や、６月以降、政府による不動産投資抑制策が一層厳格化されたこと等による固定資産投資の大幅減速のほか、地方政府に対し温暖化対策目標[3]達成に向け、エネルギー消費量の抑制が義務づけられたことに加え、石炭の価格上昇及び調達不足により生じた電力不足が主な要因とみられる。こうした政策的な経済活動抑制は構造的な問題を孕むために長期化する可能性があることから、今後、中国経済の減速が日本のみならず世界経済全体に与える影響が懸念される。

図表Ⅰ－２－２　世界主要国の実質ＧＤＰ成長率の推移

（前期比：％）

		2020年			2021年	
		４-６月期	７-９月期	10-12月期	１-３月期	4-6月期
アメリカ		-8.9	7.5	1.1	1.5	1.6
ユーロ		-11.7	12.6	-0.4	-0.3	2.2
	ドイツ	-10.0	9.0	0.7	-2.0	1.6
	フランス	-13.5	18.6	-1.1	0.0	1.1
	イタリア	-13.1	16.0	-1.8	0.2	2.7
	スペイン	-17.8	17.1	0.0	-0.4	2.8
イギリス		-19.5	16.9	1.3	-1.6	4.8
日本		-7.9	5.4	2.8	-1.1	0.5

（前年同期比：％）

	2019年			2020年		
	４-６月期	７-９月期	10-12月期	１-3月期	4-6月期	7-9月期
中国	3.2	4.9	6.5	18.3	7.9	4.9

資料出所：各国政府公表資料。

---

[3] 2030年までにＧＤＰあたりの二酸化炭素排出量を2005年比65％以上削減し、2060年にカーボンニュートラル（ＣＯ$_2$排出量と除去量を差し引きゼロ）を実現する。2020年９月、国連総会において習主席が表明。なお、2021年はグリーンやエコを前面に掲げた「第14次五ヵ年計画」の初年度に当たる。

| コラム | コロナ禍で悪化する交易条件とＧＤＰとＧＮＩの乖離 |

　世界経済の回復に伴う一次産品価格の高騰とドル高・円安の進展により、日本の輸入物価は2021年初より急激に上昇している。これに対して、輸出物価は上昇しているものの、相対的に緩やかなものにとどまっており、輸出価格指数／輸入価格指数で求められる交易条件の悪化が続いている。この結果、交易条件が変化することによって生じる国内居住者の実質購買力の海外からの流入（流出）を示す交易利得（損失）は減少している。

　齋藤（2021）[4]によれば、世界金融危機等の世界的な危機が起きた時には、通常、世界経済が悪化して一次産品等の価格が下落するため、交易条件が改善をもたらす。そして、交易利得が拡大すると一定の輸出量で購入できる輸入量が増加するため、実質ＧＮＩの下支えをする。その後、日本経済が世界経済と同調する形で回復をしてくると、一次産品等の価格が上昇をはじめ、交易条件が悪化し、交易損失が発生し、実質ＧＮＩの回復を相殺することになる。こうした関係は、2008年の世界金融危機後の回復過程においても見られている。しかしながら今回は、世界経済の回復に比べて日本経済の回復が遅れているために、日本経済の回復が本格化する以前に交易条件が悪化しており、交易利得が減少している。前章の**図表Ｉ－１－３**にあるように、2021年１－３月期及び４－６月期の実質ＧＤＰ成長率が各々前期比▲1.1％、同0.5％であるのに対し、実質ＧＮＩ成長率は同▲1.6％、同0.1％となっている。両者の乖離を計算すると各々▲0.5％ポイント、▲0.4％ポイントとなっており、リーマンショック直前の2008年４－６月期に▲1.1％ポイントとなったのを除けば、比較的大幅なマイナスが二期連続している。交易条件が悪化しても、企業が最終財の価格に転嫁できれば影響は相殺されようが、我が国の場合、消費者物価上昇率は長期にわたり低迷を続けていることから、企業による販売価格への転嫁が困難な状況が続いていることが窺える。交易条件の悪化により交易利得が減少すれば、国内居住者が消費できる財・サービスの減少を通じて日本経済の回復が更に遅れる可能性があると指摘している。実際、2021年10月以降、米国の利上げ観測等により急速に円安が進んでいることから、交易条件の動向には一層注視が必要となっている。

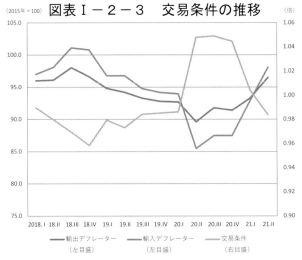

（2015年＝100）　**図表Ｉ－２－３　交易条件の推移**　（倍）

資料出所：内閣府「国民経済計算」。

---

[4] 齋藤潤「ＧＤＰとＧＮＩの乖離は何を意味するのか：コロナ禍の交易条件悪化」（日本経済研究センター「齋藤潤の経済バーズアイ」（2021年６月１日））。

第２節　世界各国の財政・金融政策

　新型コロナ・ショックに見舞われた世界各国は前例のない規模で財政・金融政策を採ったことにより、景気の落ち込みを下支えすることができたものの、世界各国の財政状況は急速に悪化しており、コロナ後を見据えた財政再建に向けた取組みは極めて重要である。

　ＩＭＦによれば、2021年６月時点の集計で、世界全体で、政府による支援規模は16.5兆米ドルに達している。その内訳をみると、各種感染対策や公衆衛生措置に加え、景気の急激な落ち込みを回避するための家計や企業への所得補償・補助金や減税などの追加財政支出が10.4兆米ドル、企業の資金繰り支援や債務保証策等が6.1兆米ドルとなっており、前例のない規模及び政策手段が実施されている[5]。先進国では、こうした財政支援を2021年以降も継続する一方で、新興市場国・発展途上国では財源調達能力の問題もあり大半の対策を2020年内で終了させており、ワクチンの普及の差に加えて、政策支援の実施期間の相違が先進国と新興国・発展途上国との回復スピードの格差を生じさせる要因となっていると指摘している[6]。

　この結果、世界全体の財政収支（対名目ＧＤＰ比）は、2019年▲3.0％から2020年▲10.8％へと大幅に悪化したが、2021年には▲8.8％、2022年には▲4.8％に改善する見込みである。2021年以降も先進国と比較して、2020年でＩＭＦによる政策支援が終了した新興市場国の財政収支の改善幅が大きくなっている。また、世界全体の政府債務残高（対名目ＧＤＰ比）は、2019年103.8％から2020年122.7％に大幅に悪化したものの、2021年は121.6％とほぼ横ばいで推移する見込みである。

図表Ｉ－２－４　ＩＭＦによる財政見通し（2021年10月）

（名目GDP比：％）

		財政収支					政府債務残高				
		2019年 （実績）	2020年 （実績）	2021年	2022年	2023年	2019年 （実績）	2020年 （実績）	2021年	2022年	2023年
全世界		▲3.6	▲10.2	▲7.9	▲5.2	▲4.2	83.6	98.6	97.8	96.9	97.0
先進国		▲3.0	▲10.8	▲8.8	▲4.8	▲3.6	103.8	122.7	121.6	119.3	119.3
	アメリカ	▲5.7	▲14.9	▲10.8	▲6.9	▲5.7	108.5	133.9	133.3	130.7	131.1
	ユーロ圏	▲0.6	▲7.2	▲7.7	▲3.4	▲2.4	83.7	97.5	98.9	96.3	95.4
	日本	▲3.1	▲10.3	▲9.0	▲3.9	▲2.1	235.4	254.1	256.9	252.3	250.8
新興国		▲4.7	▲9.6	▲6.6	▲5.8	▲5.2	54.7	64.0	64.3	65.8	67.1
	中国	▲6.3	▲11.2	▲7.5	▲6.8	▲6.2	57.1	66.3	68.9	72.1	74.5
	インド	▲7.4	▲12.8	▲11.3	▲9.7	▲8.8	74.1	89.6	90.6	88.8	88.1
	ブラジル	▲5.9	▲13.4	▲6.2	▲7.4	▲6.4	87.7	98.9	90.6	90.2	91.7
	ロシア	1.9	▲4.0	▲0.6	0.0	0.2	13.8	19.3	17.9	17.9	17.7

資料出所：IMF "Fiscal Monitor"（2021年10月）

---

[5]　ＩＭＦは、コロナに対する世界各国政府（196ヵ国）の対応策についてまとめた「Policy Tracker」をＩＭＦのＨＰ上に公表し、随時更新している（https://www.imf.org/en/Topics/imf-and-covid19/Policy-Responses-to-COVID-19）。
[6]　IMF, "Fiscal Monitor"（April 2021）

　新型コロナウイルスの感染が拡大し、経済に深刻な影響が見られる中で、2020年に世界各国の中央銀行は緊密に連携しつつ、経済活動と企業金融の下支え、金融市場の機能維持を図った。具体的には、政策金利を下限まで引き下げるとともに、資産購入の強化、企業向けを中心とした資金繰り支援措置の拡充など積極的な流動性供給を講じた。金融規制・監督面でも、同年 3 月には、バーゼル Ⅲ に基づく自己資本比率規制等の完全実施を当初の期限であった22年 1 月から23年 1 月への 1 年延期したほか、金融機関に対し、資本及び流動性バッファーの活用奨励など柔軟な措置を講じた。これらの政策対応もあって、国際金融システムにおける著しい信用収縮は回避され、安定が確保されたと言える。しかし、その一方で、大規模ないし無制限の資産借入の実施により、世界各国の主要中央銀行のバランスシートは急速に拡大している。

　こうした中、2021年に入ってからは、景気回復に伴う世界的なエネルギー・一次産品価格の上昇によりインフレリスクが高まっている。新興市場国では為替リスクの回避もあり、政策金利の引上げによる金融引締めの動きが広がっているのに対し、先進国では金融緩和が継続されている。

　ＢＩＳ（国際決済銀行）は2021年の報告書の中で、2020年後半に始まった世界経済の回復は極めて強いものの、非常に不均一であり、すでにパンデミック前の水準に回復している国・セクターがある一方で、回復が遅れている国・セクターがあるため、パンデミックからの脱出（Pandexit）の道のりは平たんではないと指摘している。新型コロナ・ショックに対する危機対応として実行された前例のない規模及び手段による財政・金融政策は、経済の落ち込みを最小限に抑え、その後の景気回復においても大きな役割を果たしている一方で、各国は、いかなるタイミング及び手法で縮小・解除するかという課題に直面している。将来的な危機に備えるためには、財政・金融政策を正常化させ、政策措置を講じる余地を確保する必要がある。しかし、逼迫した財政の運営を支援するため金利を低水準に維持するよう求める圧力が政府から中央銀行に対して強まるため、金融政策の正常化は中央銀行単独では行えない状況になっており、しかも決して容易な仕事ではない。他方で、こうした超低金利政策と大規模な資産購入の長期化は、金融政策の正常化をますます困難にするだけでなく、所得や富の不平等を拡大させる懸念があると指摘している[7]。

---

[7] BIS, "Annual Economic Report 2021" (June 2021)

雇用情勢と生活の変化

第1章　雇用対策の動向

第Ⅱ部　第1章のポイント

○雇用調整助成金（雇調金）をはじめとする各種給付・貸付については、新型コロナウイルスの影響を踏まえつつ、給付内容及び申請手続の両方の面で特例措置が講じられてきた。

○このような特例措置の影響もあり、雇調金については、依然として多くの申請がみられる。直近（8月20日時点）の雇調金の累計支給決定額は4兆2,323億円に達している。

○雇調金については、失業率の抑制に貢献したとの積極的な評価がある一方で、その財源のほか、それに依存する企業への対応、あるいは雇調金による雇用維持策だけではなく、産業・事業分野を跨ぐ労働力移動を促進する仕組みを検討する必要があること等が課題として指摘されている。もっとも、労働力移動については、その前提として、受け皿となる産業・事業の台頭・成長も必要になると考えられる。

○新型コロナウイルス感染症対応休業支援金・給付金については、原則として、「支給要件確認書」への事業主の記入・署名を求める従前の対応が改められ、2020年10月以降では、事業主が上記確認書の作成に協力しない場合であっても、都道府県労働局が申請者の勤務実態を確認したうえで支援金・給付金の支給を決定する等の対応がとられるようになった。

○いわゆる「フリーランス」については、求職者支援制度を除けば、雇用保険に基づく保護を受けることができないのが現状である。就労実態に鑑みて、フリーランスとして働く者の労働者性を適切に審査することが要請されるが、それでもなお労働者とは評価し難いフリーランスについても、その要保護性に対応した支援策を講ずべきとの指摘がみられる。

○社会保障による対応をみると、昨年同様、社会福祉協議会の貸付制度や住居確保給付金制度の利用が続いている。

○生活保護についてみると、2020年度1年間の申請件数は合計で22万8,081件に上り、2019年度との比較で2.3%増加している。また、保護開始世帯数についても、20万2,856世帯に上り、こちらも2019年度との比較で2.1%の増加となっている。

○以上の金銭的な給付・貸付とは対照的に、自立相談支援の対応状況については、申請の増加に対して相談支援の実績が追い付いていない。

第1章　雇用対策の動向

第1節　はじめに

　昨年同様、依然として、新型コロナウイルスによる雇用への影響は大きい。こうした影響を食い止めるべく、この間、雇用調整助成金（雇調金）や社会福祉制度等を通じて、雇用の安定・生活保障に向けた対応が講じられてきた。以下、各制度の現況を概観していくことにする。

第2節　雇用維持に向けた諸政策の実績と課題

1．雇用調整助成金（雇調金）

　コロナ禍における失業率の増加を抑制してきた点に、我が国の雇用対策の特徴をみることができる。当初は失業率の大幅な増加を予想する向きも存したが、実際の推移をみると、2020年10月期のピーク時においても3.1％の完全失業率を記録したにとどまる（完全失業率の推移については、第Ⅱ部第2章を参照されたい）。この間の諸外国における完全失業率の推移をみると、例えば、アメリカでは、ピーク時（2020年4月期）において14.8％の完全失業率を記録している。このような国際比較からも、我が国が先進国の中でも失業率を低い水準で維持してきたことを読み取れる[1]。

　厳しい経済環境の下でも、我が国の企業が休業を命じる等の雇用を守る行動を取ってきた結果が上記の完全失業率の推移に表れているものといえるが、企業によるこれらの雇用維持策を下支えしてきたのが雇調金である[2]。この間には、コロナ禍の対応策として、雇調金の給付内容・申請手続の両面で特例措置が講じられてきた。まず給付内容については、助成率が従前よりも引き上げられ、特に、解雇を行わなかった事業主や、緊急事態措置・まん延防止等重点措置を実施すべき区域で営業時間の短縮等の措置に協力した事業主を助成率において優遇する措置が講じられている。このような特例措置が適用される企業では、自らが支出する休業手当の大部分を雇調金がカバーしているため、休業手当の費用負担をめぐる問題が大幅に軽減されている[3]。申請手続については、オンライン申請や申請書類の簡素化等の対応がとられている。この間、申請手続の面で「制度の使い勝手が悪い」といったような指摘もみられたが、このような対応により、一定程度、改善が図られている。

　このような特例措置の存在も手伝い、2021年8月20日現在の雇調金の累計申請件数は440万7,990件（うち、支給決定は426万7,043件）に上り、また、累計支給決定額は4兆2,323億円に達している。特に、コロナ禍で影響を大きく受けている宿泊・飲食業、生活関連サービス業等での受給が多かったことが指摘されている[4]。

　更に、各月の休業者の推移と雇調金の申請・支給状況の推移を比較してみると、この間の休業者数の減少幅が著しいのに対して、雇調金の申請・支給がそこまで顕著に減少しているわけではないこと

[1]　太田聰一「コロナ下の雇用状況を中間総括する」週刊東洋経済2021年8月7日・14日号（2021年）9頁も参照。
[2]　中井雅之「新型コロナの長期化で先行き不透明な雇用動向」ＪＩＬＰＴ緊急コラムNo.27（2021年）及び太田・前掲注1）を参照。
[3]　太田聰一「迫られる雇用調整助成金の改革」週刊東洋経済2020年12月5日号（2020年）9頁を参照。
[4]　樋口美雄「新型コロナウイルス感染拡大長期化による雇用・生活の影響と今後の課題」連合総研第4回日本の未来塾講演録（2021年2月5日）。

が特徴として読み取れる（**図表Ⅱ－１－１**）。すなわち、休業者数については、2020年４月（597万人）をピークとして、その後は減少を続け、直近の2021年６月時点では182万人にまで減少している（ピーク時との比較で約７割の減少）。他方で、雇調金の申請件数の推移をみると、2020年８/22～９/18の期間（390,357件）をピークとして、その後は減少傾向にあるものの、2021年６月頃（５/29～６/25の期間）においても、依然として257,350件の申請がある（ピーク時との比較で約34%の減少）。

図表Ⅱ－１－１　雇調金の申請・支給状況と休業者数の推移

各月の雇調金の申請・支給状況

各月の休業者数の推移

資料出所：以下の資料をもとに連合総研にて作成。
　　　　【厚生労働省ＨＰ（雇用調整助成金について）】（最終閲覧日2021年９月16日）
　　　　https://www.mhlw.go.jp/stf/seisakunitsuite/bunya/koyou_roudou/koyou/kyufukin/pageL07.
　　　　　　html#numbers
　　　　【総務省統計局「労働力調査」（2021年７月31日版）】

　次に、雇調金をめぐる評価を概観すると、労働者にとっては失業リスクを抑制し、またコロナ禍で打撃を受けている企業にとっては、ポストコロナを見据えて、必要となる労働力を確保することに役立っているとのポジティブな評価がみられる。

　しかし他方で、既に４兆円を超える給付を行っていることからも分かるように、今後、雇調金による雇用維持対応を続ける際には、その財源が重要な課題となる。また、とりわけ特例措置を受ける企業の中には、雇調金の存在も手伝って、人員を整理するインセンティブが生じにくい企業が存

在することも予想されるが[5]、他方で、雇調金に依存させるだけではなく、企業自身による雇用・経営状況の維持・改善に向けた努力を促すことも必要であるとの指摘がみられる。

　更に、中・長期的にみれば、雇調金が産業構造転換を遅らせているとの指摘も見受けられる。そのうえで、労働市場の需要と供給のミスマッチに対応した形で産業・事業分野を跨ぐ労働力移動を促進する仕組みとしての教育訓練措置の拡充等を検討する必要があることが課題として指摘されている[6]。もっとも、受け皿としての新たな産業やセクターが台頭・成長しない限り、労働力移動が進まないことも十分に予想される。このような受け皿づくりも今後の重要な課題となりうる。

２．新型コロナウイルス感染症対応休業支援金・給付金（休業支援金・給付金）

　コロナ禍において休業を余儀なくされた労働者のうち、休業手当の支払いを受けることができなかった労働者には休業支援金・給付金が支給されている。この支援金・給付金は対象労働者の休業実績に応じて支給されることになっており、支給額は、原則、日額9,900円を上限として休業前賃金の80％相当額が支払われる。もっとも、雇調金同様に、緊急事態措置又はまん延防止等重点措置を実施すべき区域にて、営業時間の短縮等に協力する施設の労働者については、１日の支給上限額を引き上げる等の特例が認められている。

　休業支援金・給付金についても、この間に申請が増加していることを確認できる。2021年８月12日現在の累計支給申請件数は276万8,153件に上り（うち、支給決定件数は212万8,584件）、また、累計支給金額は1,610億1,649万円に達している（**図表Ⅱ－１－２**）。

図表Ⅱ－１－２　各月の休業支援金・給付金の申請・支給状況（累計）

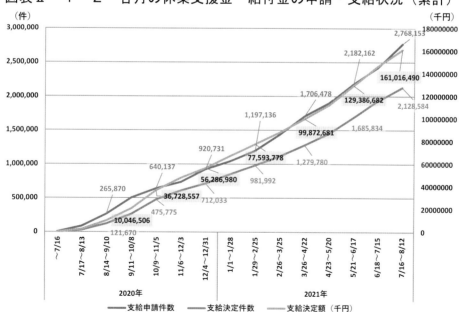

資料出所：以下の資料をもとに連合総研にて作成。
【厚生労働省ＨＰ（新型コロナウイルス感染症対応休業支援金・給付金について）】
（最終閲覧日2021年９月16日）https://www.mhlw.go.jp/stf/kyugyoshienkin.html#zisseki

---

[5]　太田・前掲注３）を参照。

[6]　樋口・前掲注４）、山田久「コロナ危機で露呈したわが国雇用安全網の欠陥」日本総研コラム（ビューポイント No.2020-027）（2021年３月22日）を参照。

　もっとも、この制度をめぐる課題も多い。労働者がこの支援金・給付金の申請を行う際には、原則、事業主が休業を指示したことや休業手当を支払う予定がないことを証明するための「支給要件確認書」を提出しなければならず、この確認書には事業主の記入・署名が必要とされているところ、事業主の協力が得られずに不支給の決定を受ける労働者が相次いでいた。これを受け、2020年10月以降では、事業主が上記確認書の作成に協力しない場合であっても、労働者の申請に基づいて、都道府県労働局が事業主に対して当該申請者の勤務実態に関係する書類の提出を求めたうえで支援金・給付金の支給を決定する等の対応がとられている。

　なお、事業主が申請に協力的ではないことの理由の一つとして、労働基準法26条の規定を挙げることができる。同条によれば、帰責事由が認められる場合には、事業主は休業手当を負担しなければならないとされているところ、休業支援金・給付金制度は、事業主がこの手当を負担する予定のないことを前提にしたものであるため、労働者の申請を契機として、同条違反の責任を追及されることを憂慮する事業主が少なからず存することが予想される。このように、労働基準法26条との関係では、上記制度は、いわば使用者の法違反状態を前提とする側面をも持つことが指摘されているところでもある[7]。労働者の所得保障という観点とともに、使用者の義務違反を安易に助長することが無いような制度運用が望まれよう。

３．雇用保険の求職者給付の支給状況

　以上の各制度は、いずれも休業等により雇用を維持する事業主・労働者を対象に支給されるものであるが、他方で、失業した労働者のうち、雇用保険法所定の要件を満たす者には、雇用保険の求職者給付が支払われることになる。この給付についても、コロナ禍の特例措置として、離職を余儀なくされた者への給付日数が原則60日間延長されている。

　コロナ禍における求職者給付の支給実績をみると、2020年５月以降、2019年の各月あたりの支給実績を上回る状況が続いており、ピーク時（2020年９月）では、2019年比で45.4％の増加となっている。もっとも、それ以降では減少傾向がみられる。直近（2021年６月）のデータをみると、2019年比で24.9％の増加となっている（**図表Ⅱ－１－３**）。

図表Ⅱ－１－３　求職者給付の支給状況

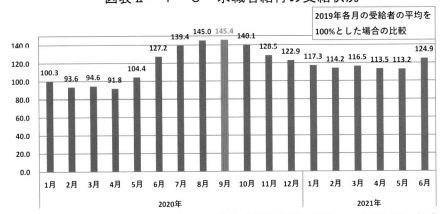

資料出所：ＪＩＬＰＴ「新型コロナウイルス感染症関連情報：新型コロナが雇用・就業・失業に与える影響—国際比較統計：失業給付受給者数・申請者数」（2021年７月30日更新版）をもとに連合総研にて作成。

[7] 濱口桂一郎「新型コロナ休業支援金／給付金の諸問題」ＪＩＬＰＴ緊急コラムNo.11（2020年）を参照。

４．求職者支援制度

　上記求職者給付を受給できない者であっても、求職者支援制度を通じて、無料の職業訓練の受講とセットで月額10万円の職業訓練受講手当を受給できる。この制度についても、収入要件の緩和や仕事を理由とした訓練の欠席を認めるなどの特例措置が設けられている。

　他方で、この制度もまた少なからぬ課題を抱えている。例えば、現状として制度があまり活用されていないとの指摘があるほか、コロナ禍のような状況においては、教育訓練を受けても、必ずしもすぐに就職できるとはいえず、セーフティーネットとしての即効性に欠けているとの指摘も見受けられる[8]。

５．フリーランスへの対応

　以上の各制度は、基本的には雇用契約関係の下にある（あった）「労働者」を対象とするものである。しかし他方で、「フリーランス[9]」として働く者については、求職者支援制度を除けば、上記制度が適用されないのが現状である。勿論、フリーランスとして働く者の中には、依頼者に従属している実態があることから、本来的には「労働者」として労働・社会保険法の適用を受けるべき者が少なからず存するはずである。とすれば、まずは、契約形式に関わらずに、このような実態の下にある者には労働関係法令が適用されることを明確に示し、法令を遵守させることが出発点とされるべきである[10]。

　しかし、実態において労働者とは評価しえないフリーランスに対しても、その要保護性に対応した支援策を講ずべきとの考え方もありうる。この間、例えば、「持続化給付金」等によるフリーランスの支援が講じられているが、このような場当たり的な対応だけではなく、既存の労働・社会保険制度にも整合的な形での仕組みを構築することも重要な検討課題になることが指摘されている[11]。

第3節　社会保障による対応の現状とその課題

１．緊急小口資金及び総合支援資金の貸付

　各都道府県の社会福祉協議会では、生活困窮者への継続的な相談支援と併せて緊急小口資金及び総合支援資金の貸付等が行われている。これらの貸付事業によって、コロナ禍で収入が減少した者や失業者に対して必要な生活費用の貸付が行われている。この制度も継続的に利用者が増えており、緊急小口資金では、2021年6月までの総申請件数が123万9,485件に達しており（うち、121万7,674件で貸付が決定）、総合支援資金でも、総申請件数は119万1,128件に達している（うち、114万8,878件について貸付が決定）（**図表Ⅱ－1－4**）。

---

[8]　酒井正「失業給付の受給者、わずか3割 非正規に冷たい『安全網』」週刊エコノミスト2020年11月10日号（2020年）77頁。

[9]　本稿にいう「フリーランス」とは、「実店舗がなく、雇人もいない自営業主や一人社長であって、自身の経験や知識、スキルを活用して収入を得る者」をいう。この定義については、内閣官房＝公正取引委員会＝中小企業庁＝厚生労働省『フリーランスとして安心して働ける環境を整備するためのガイドライン』（2021年3月26日公表）を参照。

[10]　水町勇一郎「リーマン危機、コロナ危機とフリーランス」都市問題2020年8月号（2020年）14-15頁を参照。

[11]　水町・前掲注10）を参照。

図表Ⅱ－1－4　緊急小口資金及び総合支援資金の貸付状況

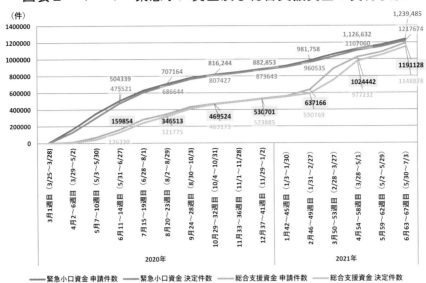

資料出所：厚生労働省資料をもとに連合総研にて作成（2021年8月）。

　もっとも、これらの貸付制度については、生活困窮者に対して貸付という形での多額の「借金」を負わせることが妥当であるのか、との指摘も加えられている[12]。

2．住居確保給付金

　住居確保給付金制度は、リーマンショックを契機として設けられた制度であるが、コロナ禍においても、休業に伴う収入減少等によって家賃の支払いに窮する者、住まいを失う可能性がある者への安定した住まいの確保支援策として重要な役割を果たしている。

　この給付金についても、この間の申請件数が増加している。2020年10月から2021年5月までにおいては、毎月5,000件近い申請があり、最も申請の多かった2021年3月では、8,456件の申請が記録されている（うち、6,750件について支給が決定：厚生労働省資料を参照）。コロナ禍以前の2019年度の年間の支給決定件数が3,972件であることを踏まえれば、コロナ禍において、申請件数が大幅に増加しているものと理解できる。

3．生活困窮者に対する自立相談支援

　上記貸付制度や給付金制度と併せて、生活困窮者には、社会福祉協議会と地方自治体による就労や住宅に関する相談対応が行われている。このうち、地方自治体が行う生活困窮者自立支援制度の相談支援状況をみると、2019年度以前では、1年間の相談件数は約22～25万件程度であったが、2020年度には約39万件にまで達している（厚生労働省資料を参照）。他方で、相談対応を行う職員の人手不足や負担増加も予想されるところである。

　同じことは、社会福祉協議会が実施している自立相談支援についても当てはまる。こちらも、2020年4～9月までの新規相談件数だけで2019年度1年分の相談件数の1.9倍に達する一方で、支援プランの作成については、2019年度1年分との対比で0.8倍と対応が追い付いていないことが報告さ

---

[12] 清家篤「有事の所得保障のあり方」週刊社会保障3125号（2021年）29頁。

れている（全国社会福祉協議会「社協が実施する自立相談支援機関の状況に関する緊急調査報告書」
（2020年））。その原因としても、やはり相談対応に従事する職員が不足していること等が推測される[13]。

4．生活保護

　生活保護の被保護者調査によると、2020年度1年間の生活保護の申請件数は合計で22万8,081件に上り、2019年度との比較で2.3%増加している。また、保護開始世帯数についても、20万2,856世帯に上り、こちらも2019年度との比較で2.1%の増加となっている。
　更に、属性別に被保護世帯数の推移をみていくと、「その他の世帯」において緩やかな増加傾向がみられる。すなわち、2021年3月時点の「その他の世帯」の総数は24万7,682世帯であり、前年同月差で6,521世帯（前年同月比：2.7%）の増加がみられる（**図表Ⅱ－1－5**）。この間に社会福祉協議会による各種貸付制度等が一定程度機能したことから、受給世帯の大幅な増加にまでは至っていないことが推測される[14]。

図表Ⅱ－1－5　世帯別の生活保護の受給状況
（2019年4月時点との比較でみた場合の各月の被保護世帯数の増減）

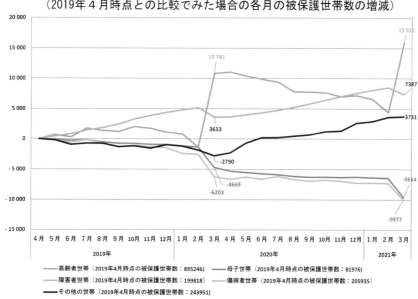

資料出所：厚生労働省「被保護者調査」をもとに連合総研にて作成。
＊なお、高齢者世帯の推移については、高齢化の影響が考えられる。

---

[13] この点については、清家・前掲注12）29頁も参照。
[14] なお、清家・前掲注12）28頁によれば、生活保護に比べ、緊急小口資金や総合支援資金の方が速やかな手続きの下での資金供給が可能であるために制度の利用が増加したことが指摘されている。

第2章　雇用情勢

第Ⅱ部　第2章のポイント

○雇用情勢は、2020年以降弱い動きとなっている。完全失業率は、2020年4月以降、就業者数の減少により上昇したが、その後、就業者数は増加に転じ、また、人口（15歳以上）の減少により、2021年7月に前年同月比で低下に転じた。

○増加が続いてきた雇用者数は、2020年4月以降大きく減少した。2021年4月以降は増加に転じたが、その増加数は前年の減少数を大きく下回っている。

○2020年4月に過去最多を記録した休業者の多くは休業を継続するか仕事に戻っている。完全失業者となった者、非労働力化した者は若干増加したものの、比較的落ち着いている。また、自営業主は十分稼働していない。

○完全失業者数は、200万人前後で高止まり。失業期間は長期化。

○人手の不足感は、2020年6月に大幅に縮小後、徐々に回復しているが、縮小前の水準には戻っていない。特に、宿泊・飲食サービスは過剰超過の状態が続いている。

○新規求人数は、2020年に入り、宿泊業，飲食サービス業、生活関連サービス業，娯楽業など幅広い産業で大きく減少した。その後、製造業を中心に回復の動きも見られるが、その増加数は前年の減少数を下回っている。

第２章　雇用情勢

雇用情勢は弱い動き

　完全失業率の動きをみると、2019年12月には2.2％と、1992年10月以来の低水準まで改善していたが、2020年に入り上昇傾向に転じ、2020年10月には3.1％となった。その後、2021年３月には2.6％まで改善したが、2021年８月には2.8％となっている。また、有効求人倍率は、2019年は1.60倍前後で推移していたが、2020年に入り急低下[1]し、2020年８月、９月には1.04倍まで低下したが、その後上昇し、2021年８月には1.14倍となっている。このように、2019年まで改善を続けていた雇用情勢は、2020年以降弱い動きとなっている（**図表Ⅱ－２－１**）。

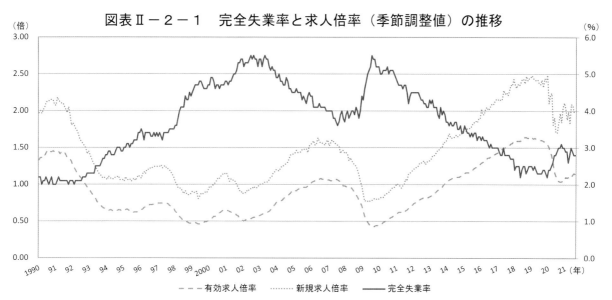

図表Ⅱ－２－１　完全失業率と求人倍率（季節調整値）の推移

（注）1．有効求人倍率及び新規求人倍率は、新規学卒者を除きパートを含む。
　　　2．完全失業率は右目盛り、有効求人倍率及び新規求人倍率は左目盛り。
　　　3．2020年１月から求人票の記載項目が拡充され、一部に求人の提出を見送る動きがあったことから、
　　　　求人数の減少を通じて有効求人倍率の低下に影響していることに留意が必要。
資料出所：総務省「労働力調査」、厚生労働省「職業安定業務統計」より作成。

人口（15歳以上）の減少、就業者数の増加により完全失業率は低下に転じる

　完全失業率の上昇・低下の要因を、人口（15歳以上）要因、労働力人口比率要因、就業者要因に分けてみてみると、2013年以降就業者数の増加により完全失業率は継続して低下してきたが、2020年４月以降は就業者数の減少により完全失業率は上昇した。なお、同月以降労働力人口比率の低下（非労働力化）による完全失業率の引き下げ効果もみられ、就業を諦めるなどの非労働力化がみられなければ完全失業率はさらに上昇していたことに留意が必要である。2021年４月以降は、労働力人口比率は増加に転じており、これが完全失業率の上昇の主な要因となったが、前年から続く人口（15歳以上）の減少及び2021年４月以降の就業者数の増加により、2021年７月に完全失業率は前年同月比で低下に転じた（**図表Ⅱ－２－２**）。

---

[1]　2020年５月の下げ幅（1.32倍→1.20倍、−0.12ポイント）は、1974年１月の下げ幅（−0.20ポイント）以来過去２番目の下げ幅。

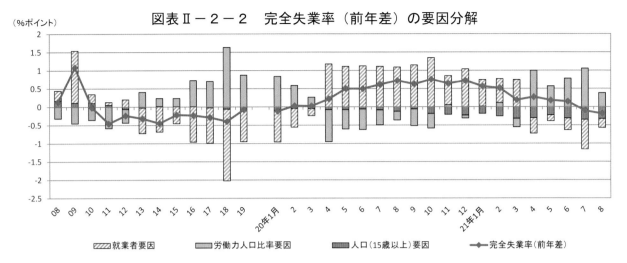

図表Ⅱ-2-2　完全失業率（前年差）の要因分解

（注）計算方法は、以下の通り。第1項が人口要因、第2項が労働力人口比率要因、第3項が就業者要因。
　　　ＵＲ：完全失業率、Ｎ：人口（15歳以上）、Ｌ：労働力人口、Ｅ：就業者数、ＬＲ：労働力人口比率

$$\Delta UR = \frac{E}{LR*N^2}\Delta N + \frac{E}{LR^2*N}\Delta LR - \frac{1}{LR*N}\Delta E + \frac{E}{LR^2*N^2}\Delta LR\Delta N$$

資料出所：総務省「労働力調査」より作成。

雇用者数は増加に転じたが、前年の減少数を大きく下回る

　就業者数の動きを雇用者、自営業主など従業上の地位別にみると、2013年以降就業者数の増加を牽引してきた雇用者数は2020年4月以降減少に転じ、それにより就業者数も減少に転じた。なお、同年5月～8月の雇用者数の減少幅（月次ベースで73～94万人減）はリーマンショック後[2]以来の大きさとなった。その後、雇用者数は2021年4月に増加に転じ、就業者数も増加に転じたが、その増加数はいずれも前年の減少数を大きく下回っている。自営業主は雇用者に先がけて2020年2月から減少したが、同年5月～8月は雇用者が大幅に減少する一方で増加するという稀な状況にあった。その後も増加と減少を繰り返している（図表Ⅱ-2-3）。

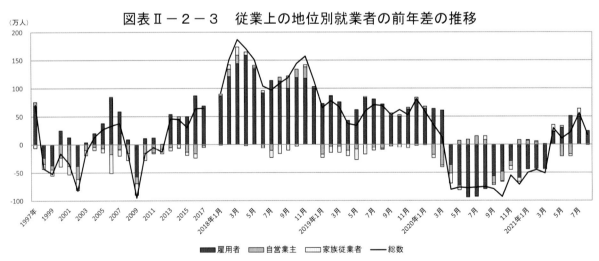

図表Ⅱ-2-3　従業上の地位別就業者の前年差の推移

　（注）就業者の総数には「従業上の地位不詳」が含まれるため、雇用者、自営業主、家族従事者の合計とは一致しない。
　資料出所：総務省「労働力調査」より作成。

---

[2]　リーマンショック後の雇用者数の減少幅は、例えば、2009年5～7月で対前年同月差73～102万人減。

過去最多を記録した休業者の多くは休業継続か仕事に戻った

　就業者には「休業者」[3]も含まれる。休業者数は、育児・介護休業の普及により近年増加傾向だが、それでも季節的に増加する３月や８月で2018年以降200万人をやや超える程度の水準が最大であった。しかし、2020年４月の休業者数はそれらの３倍近くにもなる597万人（過去最多）となった。

　同年６月以降の休業者数は200万人台まで減少[4]し、前年同月差の増加幅も縮小している。総務省「労働力調査」の２ヵ月目の調査世帯のみを対象とした集計結果によると、前月に休業者であり、当月も休業者であった者は、５月、６月は高水準だったが、７月以降は90万人台〜120万人台と落ち着いている。完全失業者となった者、非労働力化した者についても、2020年５月以降、以前と比較して若干増加したものの、落ち着いている（**図表Ⅱ−２−４**）。

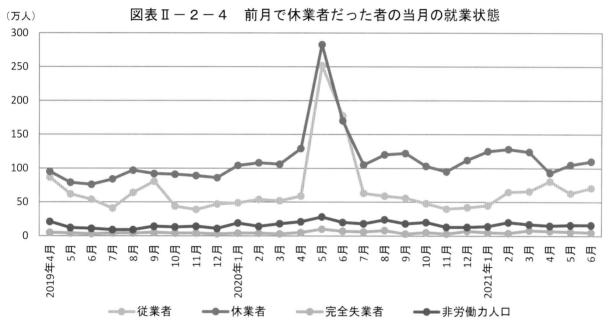

（万人）

図表Ⅱ−２−４　前月で休業者だった者の当月の就業状態

⋯●⋯ 従業者　　　●━ 休業者　　　⋯●⋯ 完全失業者　　　●━ 非労働力人口

資料出所：総務省「労働力調査」より作成。

　また、2020年５月、６月に自営業主となっている者の前月の就業状態をみると、休業者（雇用者、自営業主いずれの休業者も含むが、内訳は不明。）であった者の増加幅が大きく、前頁で指摘した2020年５月〜８月の自営業主の増加の背景には、休業者の就業復帰先として自営業主が多く選択されていることがわかる[5]。

　週間就業時間も含めた就業者の就業状態を、雇用者、自営業主のそれぞれについてみると、雇用者は2020年４月に休業者数と週間就業時間が１〜14時間の者の数が一時的に増加したが、同年６月

---

[3]　総務省「労働力調査」においては、以下のように定義されている。
　　仕事を持ちながら、調査期間中（月末１週間）に少しも仕事をしなかった者のうち以下の者
　　①雇用者で、給料・賃金（休業手当を含む。）の支払を受けている者又は受けることになっている者。
　　②自営業主で、自分の経営する事業を持ったままで、その仕事を休み始めてから30日にならない者。
　　　なお、家族従業者で調査期間中に少しも仕事をしなかった者は、休業者とはならず、完全失業者又は非労働力人口のいずれかになる。

[4]　月次データについては、季節調整を行って比較すべきであるが、新型コロナウイルス感染症の影響は、通常の季節性では捉えられないため、原数値で比較している。

[5]　2020年５月、６月については、前月に休業者であった者のほか、前月に非労働力人口であった者も翌月の自営業主の動向に若干ながらプラスの影響を与えている。

以降は落ち着いている。また、2021年３月以降は前年同月比で減少傾向にある。自営業主はそれらの者の割合が2020年４月に３割に達した後、同年７月以降は低下したものの、2019年と比較すると若干高いままとなっており、十分稼働していない様子がうかがえる[6]（**図表Ⅱ－２－５**）。

図表Ⅱ－２－５　休業者及び週間就業時間別就業者の推移

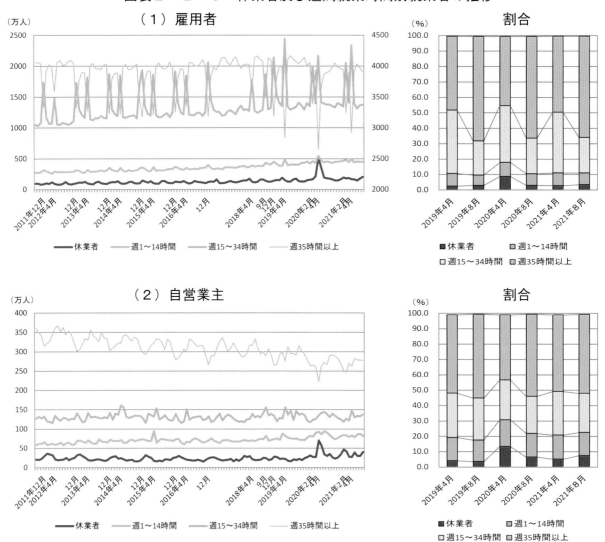

（注）（１）雇用者の週35時間以上は右目盛り、その他は左目盛り。
資料出所：総務省「労働力調査」より作成。

完全失業者数は高止まりし、失業期間は長期化

　完全失業者数は2019年12月（155万人）を底に増加傾向に転じ、その後、200万人前後で推移している。求職理由別にみると、「勤め先や事業の都合」により離職した者が2020年上半期に大幅に増加し、その後、高止まりしたほか、「収入を得る必要が生じたから」という理由により新たに仕事を探し始めた者も比較的高水準で推移している。

---

[6] 脚注４を参照。

　2021年4～6月の失業者233万人（前年同期比19万人増）を失業期間別にみると、失業期間が「3か月未満」の者は95万人と、同2万人の増加にとどまる一方、「1年以上」の者は74万人、同19万人と大幅に増加し、失業者全体の32.2%（同5.9ポイント増）を占めるなど、失業期間が長期化していることがうかがえる（**図表Ⅱ-2-6**）。仕事につけない理由別にみると、「希望する種類・内容の仕事がない」とした者が78万人（同12万人増）で全体の33.9%と最も多く、ほかに「条件にこだわらないが仕事がない」とした者が16万人（同2万人増）、「賃金・給料が希望とあわない」とした者が15万人（同2万人増）だった。

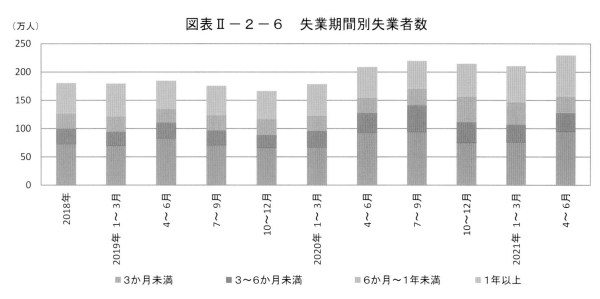

図表Ⅱ-2-6　失業期間別失業者数

資料出所：総務省「労働力調査」より作成。

　なお、厚生労働省の発表によると、2021年10月15日現在、雇用調整の可能性のある事業所数は、累積値で134,270事業所、新型コロナウイルス感染症に起因する解雇等見込み労働者数は累積値で118,591人となっている[7]。

人手の過剰感は徐々に回復するものの、以前の水準には戻らず

　企業における人手の過不足感を日本銀行「全国企業短期経済観測調査」により全産業についてみると、近年高水準で推移していた不足感が、2020年6月に大幅に縮小した。産業別にみると、自動車が大きく悪化するなど製造業が過剰超過に転じたほか、非製造業においては宿泊・飲食サービスが急激に悪化し、過去最大の過剰感となり、対個人サービス[8]も大きく悪化した。その後、徐々に回復しているが、以前の水準には戻っておらず、特に、宿泊・飲食サービスは過剰超過の状態が続いている（**図表Ⅱ-2-7**）。

---

[7] 都道府県労働局の聞き取りやハローワークに寄せられた相談・報告等を基に把握した数字であり、必ずしも網羅性のあるものではない。また、過去に把握した情報の一部には既に再就職した者も含まれている可能性がある。

[8] 娯楽業（映画館、劇場、フィットネスクラブなどのスポーツ施設提供業、遊園地・テーマパークなど）やその他の生活関連サービス業（旅行業、冠婚葬祭業など）を含む。

図表Ⅱ－2－7　主な産業別雇用人員判断Ｄ.Ｉ.の推移（全規模計）

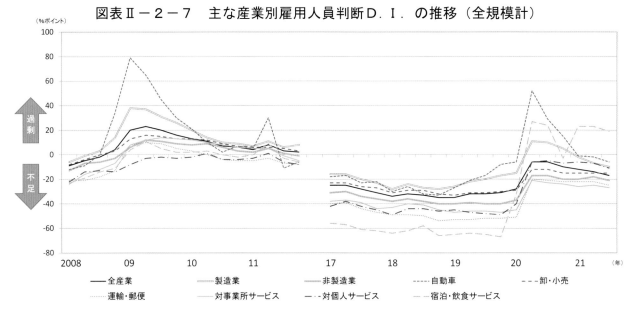

（注）％ポイントは「過剰」－「不足」にて算出。
資料出所：日本銀行「全国企業短期経済観測調査」より作成。

新規求人数は回復の動きも見られるが、その増加数は前年の減少数を下回る

　新規求人数を産業別にみると、2019年から製造業を始め多くの産業で減少傾向を示していたが、2020年に入り、特に、宿泊業，飲食サービス業、生活関連サービス業，娯楽業といった外出等の自粛の影響を受けやすい産業や、海外の需要減などの影響を受けた製造業で急激かつ大幅な減少となるなど、幅広い産業で大きく減少した。その後、海外の需要回復などの影響を受けた製造業を中心に回復の動きも見られるが、その増加数は前年の減少数を下回っている（**図表Ⅱ－2－8**）。

図表Ⅱ－2－8　主な産業別新規求人数（前年同月比（3ヵ月後方移動平均））

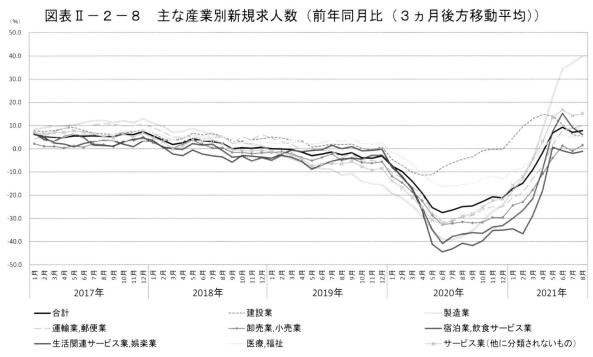

（注）新規学卒者を除きパートを含む。
資料出所：厚生労働省「職業安定業務統計」より作成。

第3章　賃金の動向

第Ⅱ部　第3章のポイント

○感染症の影響内容は、収入の減少、勤務日数や労働時間の減少が多くなっている。

○2020年は所定外労働時間の大幅減により総実労働時間は減少した。2021年4月以降は所定外労働時間は増加に転じ、総実労働時間も増加したが、その増加数は前年の減少数を下回っている。

○2020年は所定外給与の大幅減により現金給与総額は減少した。2021年4月以降は所定外給与は増加に転じ、現金給与総額も増加したが、その増加額は前年の減少額を下回っている。

○2020年6月、12月、2021年6月の現金給与総額に対する特別に支払われた給与の寄与を見ると、一般労働者はいずれもマイナスだが、パートタイム労働者はいずれもプラス。

○実質賃金は、2020年は減少傾向であったが、物価の下落と名目賃金の増加の影響を受け、2021年2月以降、増加に転じている。

第3章

第3章　賃金の動向

感染症の影響内容は、収入の減少、勤務日数や労働時間の減少が多い

　新型コロナウイルス感染症に関連した雇用や収入にかかわる影響の推移を、当研究所「勤労者短観（新型コロナウイルス感染症の影響に関連する調査)」によりみると、「影響があった」割合は、徐々に高まっている。影響があった場合の具体的な影響（複数回答）としては、「収入の減少」が最も多く、次いで「勤務日数や労働時間の減少」が多い（**図表Ⅱ－3－1**）。

図表Ⅱ－3－1　新型コロナウイルス感染症に関連した自身の雇用や収入にかかわる影響

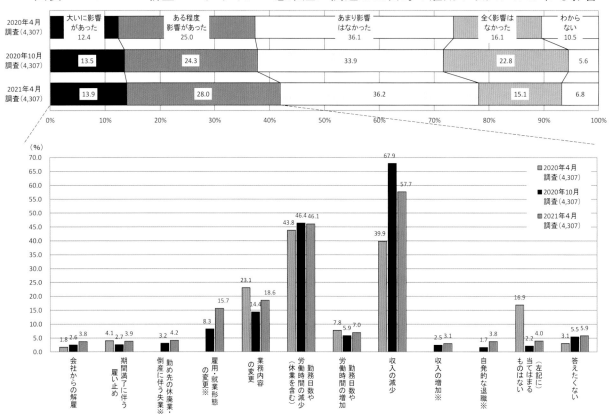

　（注）下の図表は複数回答。また、2020年4月調査には、勤め先の休廃業・倒産に伴う失業、雇用・就業形態の変更、収入の増加、自発的な退職の選択肢はない。
　　　　資料出所：連合総研「勤労者短観」より作成。

総実労働時間は増加したが、その増加数は前年の減少数を下回る

　労働時間の状況について、厚生労働省「毎月勤労統計調査」でみると、2018年以降、所定内労働時間が減少傾向で推移していることなどから総実労働時間は減少していたが、2020年に入ってからは、所定内労働時間もさることながら、所定外労働時間の大幅減により総実労働時間は減少した。また、一般労働者よりパートタイム労働者の方が総実労働時間の減少幅は大きい。2021年4月以降は、所定内労働時間、所定外労働時間とも大幅に増加し、総実労働時間も大幅に増加したが、その増加数は前年の減少数を下回っている（**図表Ⅱ－3－2**）。

図表Ⅱ－3－2　総実労働時間、所定内労働時間、所定外労働時間（前年比）の推移
（事業所規模5人以上）

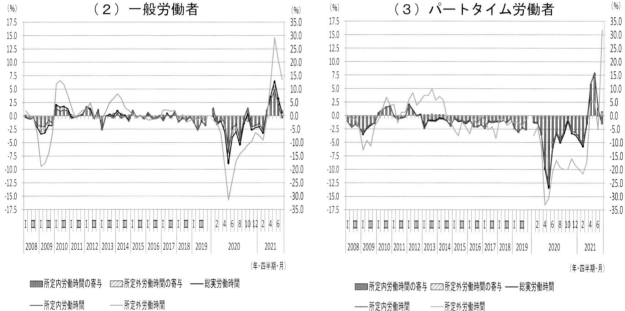

（注）1．所定外労働時間の前年比は右目盛り、その他は左目盛り。
　　　2．各月の指数（総実労働時間、所定内労働時間、所定外労働時間）にそれぞれの基準数値（2015年平均）を乗じて実数を試算し、（2019年までは四半期化した上で）寄与度等を計算。
　　　3．2011年以前は時系列比較のための推計値、2012年1月～2019年5月は再集計値、2019年6月以降は500人以上規模の事業所について全数調査した値を使用。
資料出所：厚生労働省「毎月勤労統計調査」より作成。

昨年総実労働時間が減少した生活関連は大幅に増加したが、宿泊・飲食サービスの増加数は少ない

　総実労働時間を産業別にみると、2020年5月は全ての産業で減少し、特に、生活関連サービス業、娯楽業、宿泊業，飲食サービス業では大幅に減少した。2021年5月はほとんどの産業で大幅に増加したが、前記2産業をみると、生活関連サービス業，娯楽業が大幅に増加したのに対し、宿泊業，飲食サービス業の増加数は少ない（**図表Ⅱ－3－3**）。

図表Ⅱ－３－３　主な産業別総実労働時間（前年比）の推移（事業所規模５人以上）

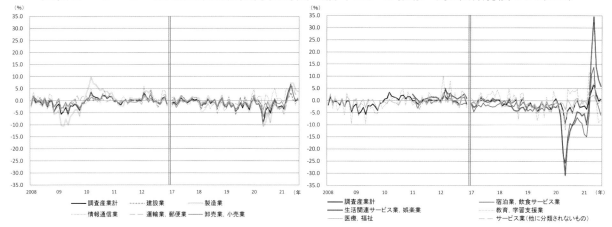

（注）2011年以前は時系列比較のための推計値、2012年及び2017年１月～2019年５月は再集計値、2019年６月以降は500人以上規模の事業所について全数調査した値を使用。

資料出所：厚生労働省「毎月勤労統計調査」、ＪＩＬＰＴ「新型コロナウイルス感染症関連情報：新型コロナが雇用・就業・失業に与える影響」より作成。

２年ぶりに３％の引き上げとなった2021年度の最低賃金

地域別最低賃金額の推移をみると、2016年度から４年連続で全国加重平均で３％程度、額にして累計102円引き上げられてきたが、2020年度は、新型コロナウイルス感染症の影響もあり、中央最低賃金審議会による引き上げ額の目安が示されず、全国加重平均で１円（0.1％）の引き上げにとどまった。2021年度については、同審議会において、新型コロナウイルス感染症の感染状況については予断を許さないものの、ワクチン接種が開始されるなど、昨年度とは状況が異なるなどとして、各都道府県の引上げ額の目安については、Ａ～Ｄランク全てにおいて28円が示され、地方最低賃金審議会での審議を経て、全国加重平均額は930円（前年度＋3.01％、＋28円）に引き上がることとなった。

現金給与総額は増加に転じたが、前年の減少額を下回る

現金給与総額をみると、2020年４月以降、労働時間の減少の影響を受け、一般労働者、パートタイム労働者ともに所定外給与が大幅に減少したことから、現金給与額も大幅に減少した。こうした中での連合の春季生活闘争は、新型コロナウイルス感染症の影響を受けた厳しい状況下で、平均賃金方式の賃上げ率（定昇相当込み）は加重平均で1.78％（前年同時期比0.12ポイント減）となった。規模別にみると、組合員300人以上が昨年同時期比0.12ポイント減に対し、300人未満が同0.08ポイント減と、規模が小さいほど減少幅は小さかった。業種別では、商業流通が前年同時期と同率だった以外は、全ての業種で前年同時期より減少しており、特にその他は前年同時期比0.41ポイント減、サービス・ホテルが同0.25ポイント減と、全体計より大きく減少した。また、賃上げ分が明確に分かる組合の賃上げ分の加重平均は0.55％（前年同時期比0.05ポイント増）となった[1]。

2021年４月以降の現金給与総額の動向をみると、労働時間の回復の影響を受け、所定内給与、所定外給与ともに増加したことから、現金給与総額も増加しているが、その増加額は、前年の減少額を下回っている。また、2020年以降の現金給与総額に対する特別に支払われた給与の寄与をみると、

[1]　連合「2021春季生活闘争　第７回（最終）回答集計結果」（2021年７月５日）。

一般労働者は2020年6月、12月、2021年6月においていずれもマイナスとなっており、コロナ禍における業績の悪化により賞与が減額された労働者が多かったことがうかがえる。一方、パートタイム労働者は上記各月においていずれもプラスとなっており、パートタイム・有期雇用労働法の施行（大企業：2020年4月、中小企業2021年4月）による同一労働同一賃金の導入により、賞与が支払われるようになった、または増額された労働者が多かったことがうかがえる（図表Ⅱ－3－4）。

図表Ⅱ－3－4　現金給与総額、所定内給与、所定外給与（前年比）の推移（事業所規模5人以上）

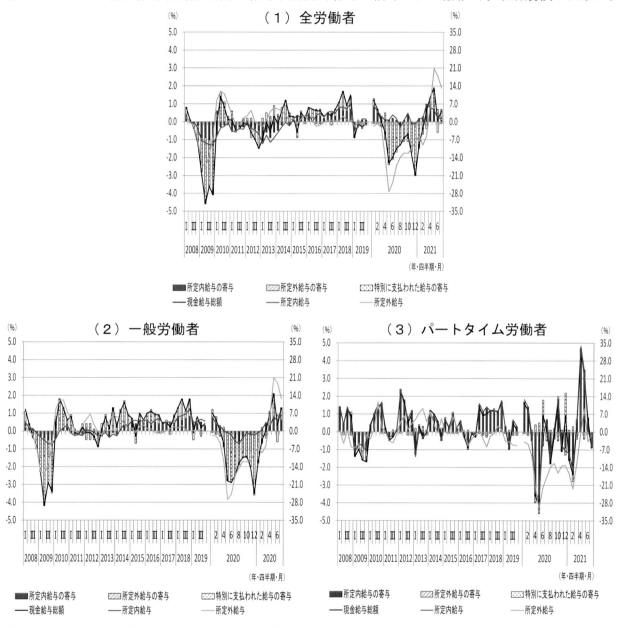

（注）　1．所定外給与の前年比は右目盛り、その他は左目盛り。
　　　　2．各月の指数（現金給与総額、きまって支給する給与、所定内給与）にそれぞれの基準数値（2015年平均）を乗じて実数を試算し、所定外給与及び特別に支払われた給与は以下の式により算出し、（2019年までは四半期化した上で）寄与度等を計算。
　　　　　　所定外給与＝きまって支給する給与－所定内給与
　　　　　　特別に支払われた給与＝現金給与総額－きまって支給する給与
　　　　3．2011年以前は時系列比較のための推計値、2012年1月～2019年5月は再集計値、2019年6月以降は500人以上規模の事業所について全数調査した値を使用。
資料出所：厚生労働省「毎月勤労統計調査」より作成。

　2020年4月以降、全労働者の現金給与総額が減少した要因を、一般労働者の賃金要因、パートタイム労働者の賃金要因、パートタイム労働者の比率要因に分けてみてみると、一般労働者の賃金の減少が大きな要因となって全体が減少していることがわかる。また、同年3月以降パートタイム労働者比率の低下による現金給与総額の押し上げ効果もみられる。パートタイム労働者比率の低下がなければさらに減少していたことに留意が必要である。2021年3月以降、全労働者の現金給与総額は増加に転じたが、同年4月以降の一般労働者の賃金の増額が大きな要因となっている（**図表Ⅱ－3－5**）。

図表Ⅱ－3－5　全労働者の現金給与総額の増減要因（事業所規模5人以上）

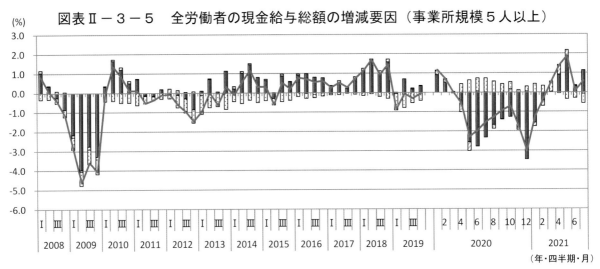

凡例：■一般労働者の賃金寄与　▨パートタイム労働者の賃金寄与　▧パートタイム労働者比率の寄与　━現金給与総額の前年比

　（注）　1．パートタイム労働者比率は、全労働者、一般労働者、パートタイム労働者の現金給与総額の実数により試算。なお、現金給与総額の実数は、各月の指数に基準数値（2015年平均）を乗じて試算。

　　　　　2．2011年以前は時系列比較のための推計値、2012年1月～2019年5月は再集計値、2019年6月以降は500人以上規模の事業所について全数調査した値を使用。

　　　　　3．要因分解の方法は、以下のとおり。第1項が一般労働者の賃金寄与、第2項がパートタイム労働者の賃金寄与、第3項がパートタイム労働者比率の寄与。
W：全労働者の現金給与総額、Wn：一般労働者の現金給与総額、Wp：パートタイム労働者の現金給与総額、R：パートタイム労働者比率

$$\frac{\Delta W}{W} = \frac{\Delta Wn\{(1-R)+(1-R-\Delta R)\}/2}{W} + \frac{\Delta Wp\{R+(R+\Delta R)\}/2}{W} + \frac{\Delta R\{Wp+(Wp+\Delta Wp)-Wn-(Wn+\Delta Wn)\}/2}{W}$$

資料出所：厚生労働省「毎月勤労統計調査」より作成。

多くの産業で現金給与総額は増加に転じたが、その増加額は前年の減少額を下回る

　現金給与総額を産業別にみると、2020年4月以降、宿泊業，飲食サービス業、生活関連サービス業，娯楽業で大幅に減少したほか、ほとんどの産業で減少した。リーマンショック後に減少幅が大きかった製造業、卸売業，小売業については、当時ほどの減少とはなっていない。2021年4月以降は多くの産業で増加に転じたが、その増加額は前年の減少額を下回っていることが多い（**図表Ⅱ－3－6**）。

図表Ⅱ－3－6　主な産業別現金給与総額（前年比）の推移（事業所規模5人以上）

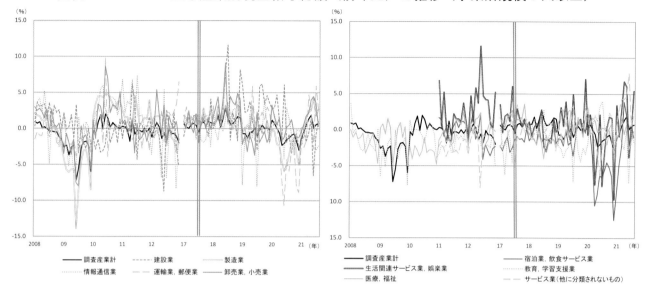

（注）2011年以前は時系列比較のための推計値、2012年及び2017年1月～2019年5月は再集計値、2019年6月以降は500人以上規模の事業所について全数調査した値を使用。

資料出所：厚生労働省「毎月勤労統計調査」、ＪＩＬＰＴ「新型コロナウイルス感染症関連情報：新型コロナが雇用・就業・失業に与える影響」より作成。

実質賃金は減少傾向から増加へ

　実質賃金の動きをみると、2020年は4月以降の名目賃金の減少により実質賃金が減少傾向であったが、2020年9月以降、物価が下落し、2021年3月以降、名目賃金が増加に転じたことから、実質賃金は2021年2月以降、増加に転じている（**図表Ⅱ－3－7**）。

図表Ⅱ－3－7　実質賃金（前年同月比）の推移と増減要因（事業所規模5人以上）

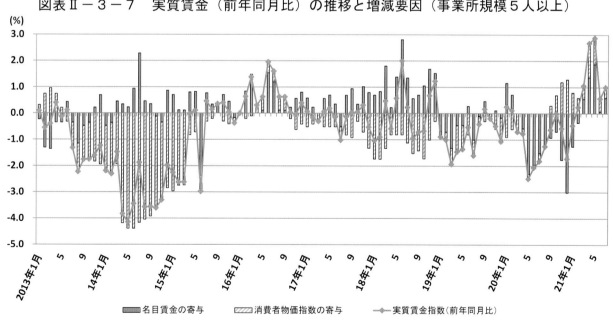

（注）1.　消費者物価指数には、「持家の帰属家賃を除く総合指数」を用いている。「消費者物価指数の寄与」は、消費者物価指数の前年同月比の符号を反転させている。
　　　2.　「名目賃金の寄与」は、就業形態計の現金給与総額の前年同月比を使用。実質賃金指数（前年同月比）＝名目賃金の寄与＋消費者物価指数の寄与、として試算。
　　　3.　毎月勤労統計の値は、2019年5月までは再集計値、2019年6月以降は500人以上規模の事業所について全数調査した値を使用。

資料出所：厚生労働省「毎月勤労統計調査」、総務省「消費者物価指数」より作成。

第４章　女性・非正規雇用等の状況

第Ⅱ部　第４章のポイント

○新型コロナショックにより女性や非正規雇用の労働者はより大きな影響を受けた。その厳しい状況は続いている。

○新型コロナショックで大きな影響を受けた対人サービスの職種（宿泊・飲食・娯楽など）には女性労働者が多く、雇用調整の対象になりやすい非正規雇用も女性に多いため、女性の雇用者数減が男性と比べ著しい。

○産業により雇用に与える影響は異なっており、「医療・福祉業」ではコロナ以前から女性の正規雇用者数も増加傾向となっており、職場において人手不足の状況となっていることがうかがわれる。

第4章　女性・非正規雇用等の状況

1．女性労働者を取り巻く厳しい環境～She-Cession（女性不況）の継続～

　新型コロナショックにより世界的にShe-Cession（女性不況）とも呼ばれる現象が報告されており、この状況は現在も続いている。一般的な不況の場合、雇用減少は主に男性に現れることが多いが、コロナショックでは女性に大きな影響が現れた。

　その主な要因として、感染拡大防止のために大きな影響を受けた対人サービスの業種（宿泊・飲食、生活・娯楽等のサービス業）に壊滅的なダメージが生じているが、これらは女性雇用者が多い産業である。このため、通常の不況時に比べて、女性の雇用減少が目立つ結果となっている。また、雇用減少が立場の弱い層により顕著であることも、コロナショックにおける雇用問題の大きな特徴である。日本では女性の非正規雇用比率が高く、不安定な立場にいる者が多いため、不況時に雇用調整の対象になりやすい傾向がある。

図表Ⅱ－4－1　男女別・正規・非正規の雇用者数の増減の推移
（前年との実数の比較）

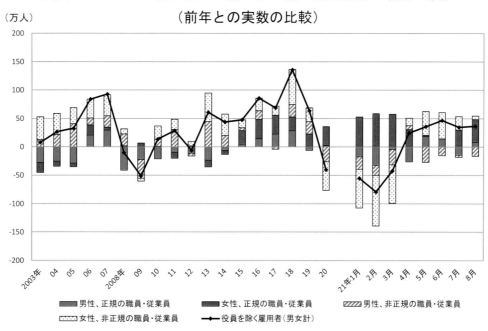

　（注）「正規」とは「正規の職員・従業員」、「非正規」とは「非正規の職員・従業員」のこと。
　資料出所：総務省「労働力調査（詳細集計）」（2012年以前）、「労働力調査（基本集計）」（2013年以降）
　　　　　　より作成。

2．女性の雇用者数は、減少が続いていたが、増加に転じる

　女性の雇用者数は、非正規雇用労働者の減少が続く中、2020年には平均2,619万人（役員を除く雇用者）と前年より16万人の減少となった。非正規の職員・従業員は、2020年平均で2,090万人と前年より75万人の減少であり、11年ぶりの減少となった。一方、正規の職員・従業員が3,529万人と前年より35万人の増加であり、6年連続の増加傾向はコロナショックの中でも変わらない。非正規雇用労働者は2020年3月以降13ヵ月連続で減少し、2020年8月には同月前年差84万人の減少となった。その後も減少が続いていたが、2021年4月以降前年同月差4ヵ月連続で増加に転じた。この

間、緊急事態宣言の解除など、明るい要件が影響したものと考えられるが、７月には東京都で、４回目の緊急事態宣言が発出され、その後、期間延長や対象地域の拡大など、先が見えない状況となり、８月には減少した。一方、男性の雇用者数は減少が続いている。

　女性の雇用者数の減少は、非正規労働者数の大幅な減少によるものだが、正規雇用労働者数は、男女ともにコロナショック以前から増加傾向が続いている。なお、非正規雇用者数の減少によって、横ばいから増加傾向だった非正規雇用者の雇用者に占める割合は男女ともに低下した。（男2019年22.7％→2020年22.1％、女56.0％→54.4％）

　新型コロナショックの状況下で、男性は非正規雇用の労働者のみならず正規雇用労働者にも減少傾向が見られたが、女性の正規雇用労働者は継続して増加傾向が続いている。雇用者数の推移について、女性の非正規雇用の労働者は大幅に減少し、女性雇用者の減少をまねいた。しかし、昨年大幅な減少となった非正規雇用の労働者についても、女性については、すでに回復の兆しがある。男性はいまだ正規・非正規ともに回復の兆しは見えない。

３．失業者数の推移

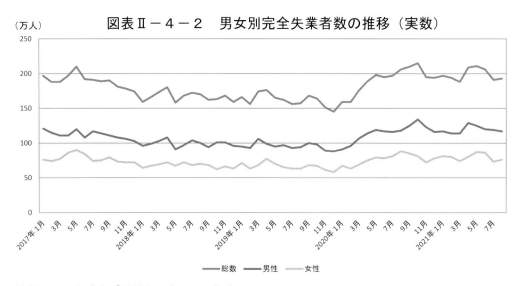

（万人）　図表Ⅱ－４－２　男女別完全失業者数の推移（実数）

資料出所：総務省「労働力調査」より作成。

　失業者数は、2020年平均では210万人と前年比28万人の増加、女性の失業者は89万人と、同９万人の増加となった（男性は121万人と同19万人の増加）。完全失業者数は女性が多いというわけではないが、リーマンショック時には男性が大半を占めていたのとは異なり、女性が４割以上を占めている。

　一方、非労働力人口は、2020年には、4,181万人と前年比８万人の増加、女性は2,664万人と同７万人の増加となっている。やはり通常の不況時とは異なり、今回は自ら就業抑制する女性が多いことも考えられる。不要不急の外出の自粛が要請され、家事負担が増加する中、小中高校や保育園・幼稚園の臨時休園・休校が行われたことによって、女性の多くは家庭責任の負担を担っていることが多いため「仕事か家庭かの二者択一」を迫られている場合も増えている。家事や育児負担が増える形での就業抑制が行われているため、通常の不況時に生じる、夫の収入源を補うために主婦が就業を増やすという現象が、表れにくくなっていることも推測される。

　変異株により新型コロナウイルスの感染が幅広い年代層まで広がっている。2020年２月のような全国一斉の休業要請は実施されないと思われるが、今後の各地域での感染拡大の状況に応じて、小学校以下保育園・幼稚園において臨時休校・休園が実施されると、子育て中の女性労働者が子供のために仕事を休まざるをえない事態が頻発することが懸念される。

　一方、在宅勤務・休校などで家庭に家族が集まる中で、ＤＶなど配偶者からの暴力が増加した。自治体が運営する「配偶者暴力相談支援センター」と内閣府が運営する「ＤＶ相談プラス」に寄せられた相談件数は2020年４月～2021年３月には19万件を超え、前年と比べ約1.6倍に増加した。

図表Ⅱ－４－３　ＤＶ相談件数の推移
（配偶者暴力相談支援センター及びＤＶ相談プラスへの相談件数）

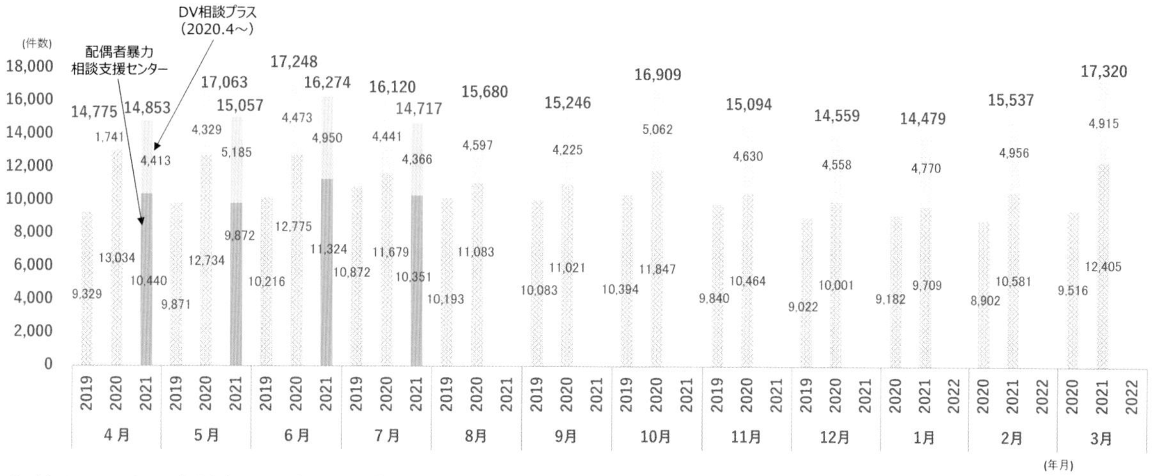

資料出所：内閣府男女共同参画局「コロナ禍の女性への影響と課題に関する研究会」報告。

　自殺者の動向についても、2020年７月以降、女性の増加が顕著となっている。2020年の女性の自殺者数は7,026人と前年から935人も増加した。男性の自殺者は14,055人と前年より23人減少している。特に同居人のいる女性と無職の女性の自殺が増加しており、経済生活問題やＤＶ被害などが新型コロナショックにより深刻化している可能性も考えられる。

４．休業者数の推移

図表Ⅱ－４－４　雇用形態別休業者数の推移
（自営業主・正規雇用・非正規雇用別の休業者数）

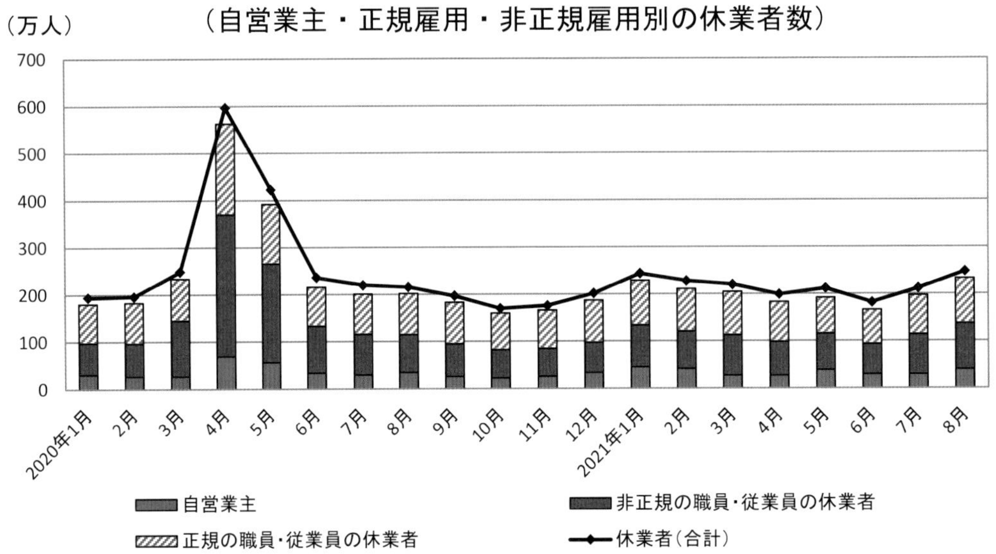

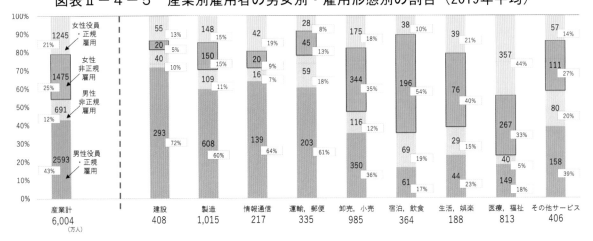

（注）「正規」とは「正規の職員・従業員」、「非正規」とは「非正規の職員・従業員」のこと。
資料出所：総務省「労働力調査」より作成。

　休業者数は、2020年平均の就業者（6,667万人）のうち259万人と前年比81万人の増加となった。休業の理由別にみると、男性は「勤め先や事業の都合」が33万人と同23万人の増加、「自分や家族の都合」が33万人と同１万人の減少となっているのに対し、女性は「自分や家族の都合」が84万人と同７万人の増加、「勤め先や事業の都合」が33万人と同25万人の増加となっている。

　休業者数は、2020年４月の597万人をピークに、その後はコロナショック前の水準にまで減少しつつある。特に非正規の職員・従業員が休業者の６割を占める状況から、非正規の職員・従業員の占める割合は３割程度とコロナショック以前とほぼ変わらない状況になっている。

５．業種ごとに異なるコロナショックの影響

図表Ⅱ－４－５　産業別雇用者の男女別・雇用形態別の割合（2019年平均）

資料出所：総務省「労働力調査」より作成。

　新型コロナウイルス感染拡大の影響を受ける以前から、女性は男性に比べて非正規雇用の割合が高い。特に「宿泊、飲食業」「生活、娯楽業」「卸売、小売業」は、非正規雇用の割合が高かった。また、産業別に女性の雇用者の偏りが大きく、「医療、福祉」「宿泊、飲食」で働く女性労働者の割合が高かった。

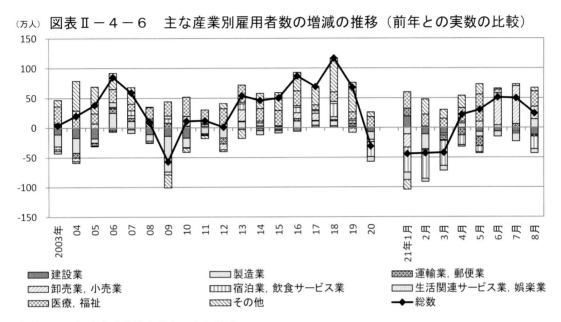

（万人）　図表Ⅱ−4−6　主な産業別雇用者数の増減の推移（前年との実数の比較）

資料出所：総務省「労働力調査」より作成。

　このような男女で大きく異なる就労分野と雇用形態という状況下で、女性はより大きくコロナウイルス感染拡大の影響を受けることとなった。全体の雇用者数が減少していく中で（前年比32万人減）産業別の雇用者数はコロナショックの影響を大きく受けている宿泊業・飲食サービス業、生活関連サービス業・娯楽業などの業種での減少が著しい。2020年平均では宿泊業・飲食サービス業で前年比29万人減（男性同8万人減、女性同21万人減）、生活関連サービス業・娯楽業同7万人減（女性同7万人減）となっている。

　一方、医療・福祉については、2020年平均で前年比19万人の増加（男性同3万人増、女性同16万人増）となっており、産業ごとに影響が大きく異なっていることがわかる。2021年に入っても医療・福祉は継続して雇用者数が増加し、卸売業・小売業も増加に転じている。また、正規雇用者数はコロナショックでも継続して増加しており、特に医療・福祉（前年比12万人増）、卸売業・小売業（同7万人増）などは継続して増加している。なお、医療・福祉では、非正規の雇用者数も前年より5万人増加している。

（万人）　　　　図表Ⅱ－4－7　主な産業の女性雇用者数の推移（年平均）

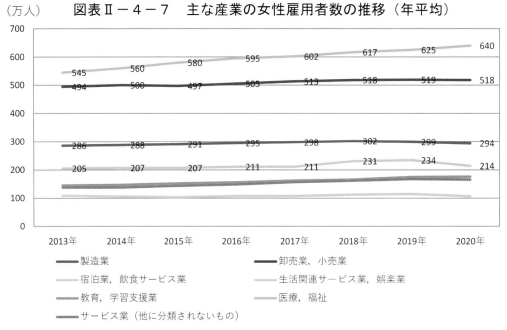

資料出所：総務省「労働力調査」より作成。

　女性の雇用者数が減少（前年比16万人減）していく中、医療・福祉関連のみは同16万人の増加となっている。これはコロナショックで女性が多い就労分野での需要の増加や、従来からの人手不足などが要因と考えられる。2020年の女性雇用者数のうち、640万人（23.7％）が医療・福祉関連である。男性の医療・福祉雇用者192万人（5.9％）とは状況が大きく異なる。産業別で女性の雇用者が多くの割合を占めているものは、卸売業・小売業518万人（19.2％）で、これらの産業で女性雇用者の4割以上となる。したがって、これらの産業の動向が女性雇用者の状況に大きな影響を与える。また、非正規雇用者数の多い産業である卸売業・小売業は2020年10月をピークに非正規従業員数に減少がみられるが、宿泊・飲食サービス業のように大きな減少（2021年4月213万人、ピーク時の38万人減）はなかった。

（万人）　　　　図表Ⅱ－4－8　主な産業の正規従業員数の推移（実数）

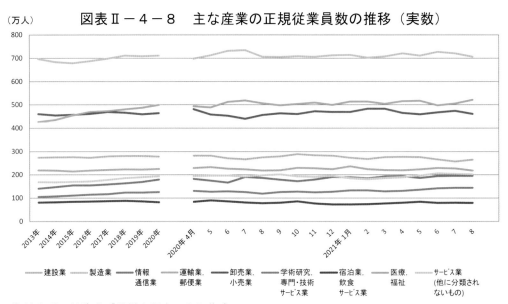

資料出所：総務省「労働力調査」より作成。

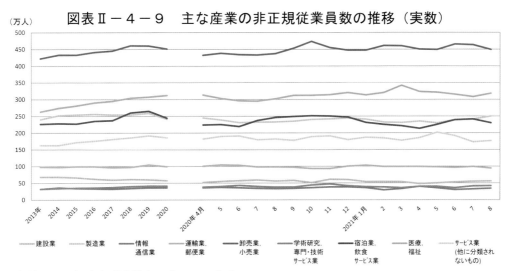

図表Ⅱ－４－９　主な産業の非正規従業員数の推移（実数）

（万人）

凡例：建設業　製造業　情報通信業　運輸業,郵便業　卸売業,小売業　学術研究,専門・技術サービス業　宿泊業,飲食サービス業　医療,福祉　サービス業（他に分類されないもの）

資料出所：総務省「労働力調査」より作成。

　医療・福祉関連については有効求人倍率も高まっており、令和３年８月の全国計の有効求人倍率は医師、薬剤師等1.88倍（2.55倍）、保健師、助産師、看護師2.08倍（2.27倍）、社会福祉の専門的職業2.90倍（3.13倍）などとなっており、職業計1.03倍（1.07倍）と比較しても、これらの職業への人材ニーズが高まっていることがうかがわれる。

　＊いずれも常用雇用、カッコ内は除パート

第５章　働き方の変化

第Ⅱ部　第５章のポイント

○新型コロナウイルス感染拡大後、テレワークが急拡大したが、揺り戻しもみられる。

○テレワークの実施率は属性（地域、業種、職種、雇用形態、年収、従業員規模等）により差があり、従業員規模別に雇用形態をみると、大企業勤務の正社員の実施割合が高い。

○テレワークにより労働時間全体は減少しているが、減る人と増える人は二極化している。

○テレワークはワークライフバランス向上に資するが、生活時間の侵食という課題もある。

○テレワークの拡大による対面コミュニケーションの縮小は、孤立感・孤独感につながる可能性があり、個々の性格と環境との適合性によって個人差がある。

○テレワーク実施に関し、労使の話し合いの機会・予定がある労働者は約３割にとどまる。

○今後のテレワークの継続を希望する労働者は８割を超え、未経験者でも今後実施を希望する労働者は34.9％におよぶ。

○新型コロナウイルス感染症の流行が落ち着いた後「仕事のやり方」や「働き方」に変化が「あると思う」とした労働者の割合は半数近くにおよぶ。

○上記「仕事のやり方」や「働き方」の変化に伴い会社から求められると思うことについて、「自己啓発を行うなど自ら能力を伸ばすことに積極的になる」と回答した労働者は 13.8％に留まっており、企業の姿勢とはギャップがみられる。

○企業は、新型コロナウイルス感染症の流行が落ち着いた後、個人に焦点を当てた人材育成を重視する姿勢を示している。

○自己啓発を実施した労働者は全体で32.2％であり、年齢階級が若いほど受講率が高い。

○新たな働き方を念頭においた能力開発が重要であり、雇用形態の違いのみを理由として対象者を分けることのないようにする必要がある。

第５章　働き方の変化

　新型コロナウイルス感染症の世界的流行により、感染拡大・緊急事態宣言に対応するため、働き方にも、大きな変化がもたらされた。

　とりわけ、新しい働き方として、テレワークが急拡大した。テレワークとは、「ｔｅｌｅ＝離れたところで」と「ｗｏｒｋ＝働く」をあわせた造語であり、「ＩＣＴ（情報通信技術）を活用し、時間と場所を有効に活用できる柔軟な働き方」[1]といわれている。

　テレワークは、就業場所という点からは、①自宅で仕事を行う在宅勤務、②出張時の移動中などに公共交通機関内やカフェ等で仕事を行うモバイル勤務、③共同のワークスペースなどを利用して仕事を行うサテライトオフィス勤務の３形態に分類される。また、就労形態としては、①企業等に雇用されている雇用型テレワークと、②個人事業主のような形態の自営型テレワークに分類される。本稿では、主として、在宅勤務の雇用型テレワーク（労働者が情報通信技術を利用して行う事業場外勤務[2]）を念頭に分析する。

　テレワークは、新型コロナウイルスの感染拡大の前から、政府により取り組みが進められてきた。テレワークは、働き方改革実行計画（2017年３月閣議決定）の「５．柔軟な働き方がしやすい環境整備」で、「時間や空間の制約にとらわれることなく働くことができるため、子育て、介護と仕事の両立の手段となり、多様な人材の能力発揮が可能となる。・・我が国の場合、テレワークの利用者はいまだ極めて少なく、その普及を図っていくことは重要」と位置付けられ、働き方改革における推進施策となっている。

　政府は、テレワークの具体的な推進について、2020年までに「制度等に基づく雇用型テレワーカー」の割合を2016年度比で倍増という目標（ＫＰＩ）をたてていた[3]。その間の推移をみると、「制度に基づく雇用型テレワーカーの割合」は、新型コロナウイルス感染拡大前では、2016年（7.7％）、2017年（9.0％）、2018年（10.8％）、2019年（9.8％）と、2017年以降10％前後の割合で推移していたが、感染拡大後の2020年は19.7％となり倍増している[4]。

　なお、海外のテレワーク実施率をみると、新型コロナウイルス流行前は、米国85％（Survey on workplace flexibility 2015, WorldatWork）、英国38.2％・ドイツ21.9％・フランス14.0％（European Company Survey on Reconciliation of Work and Family Life 2010）となっている[5]。また、ＥＵの在宅勤務の実施率は、フル在宅勤務3.2％、部分在宅勤務をあわせて11％であったところ、2020年７月には、フル在宅勤務33.7％、部分在宅勤務をあわせて47.9％と、大幅に増加している（ＥＵ労研機構のディスカッションペーパー『Teleworkability and the COVID-19 crisis : a new digital divide？』）[6]。

第５章

---

[1]　総務省によるテレワークの定義。

[2]　厚生労働省「テレワークの適切な導入及び実施の推進のためのガイドライン」の定義。

[3]　「世界最先端ＩＴ宣言・官民データ活用推進基本計画」（2017年５月30日閣議決定）。

[4]　国土交通省「令和２年度テレワーク人口実態調査」。

[5]　厚生労働省テレワーク総合ポータルサイトに掲載（2021年10月現在）。

[6]　ＪＩＬＰＴブックレット『テレワーク　コロナ禍における政労使の取組』（2021年６月）。

テレワークの現状─新型コロナウイルス感染拡大、緊急事態宣言とテレワーク

　テレワークの実施率および、実施頻度については、地域差がみられ、新型コロナウイルス感染症拡大以降、地方圏と東京23区の間に大きな差がみられる（**図表Ⅱ－5－1**）。

図表Ⅱ－5－1　地域別のテレワーク実施率・実施頻度（就業者）

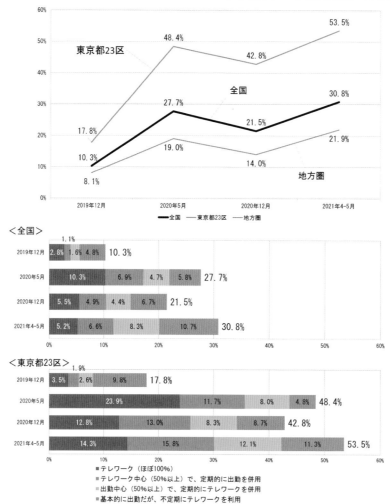

資料出所：内閣府「第3回 新型コロナウイルス感染症の影響下における
　　　　　生活意識・行動の変化に関する調査」
　　　　　（2021年6月公表、4月30日〜5月10日調査）。

・テレワーク実施率の変化（実施日数別）

　在宅勤務・テレワークを「行っていない」とする回答は、新型コロナウイルス感染症の問題が発生する前の通常月の7割超（75.0%）から、「5月の第2週」（5.4%）にかけて低下し、約4割（39.1%）が「5日（以上）」行っていると回答するなど「在宅勤務・テレワーク」は、新型コロナウイルス感染拡大、「緊急事態宣言」を契機に急速に拡がった。しかし、「緊急事態宣言」が全面的に解除された2020年「5月の最終週」以降、「行っていない」割合（22.8%）が揺り戻しを始め、「7月の最終週」には42.7%まで押し戻している。

　その後、「行っている」割合は、「緊急事態宣言」の発令に伴い、上昇・低下を繰り返しながら推移し、全面解除下でも一貫して、新型コロナウイルス感染症の発生前の通常月の2倍を上回る実施率（定常状態）となっている。

図表Ⅱ－５－２　　「在宅勤務・テレワーク」の実施日数の変化（2020年４月〜2021年６月）

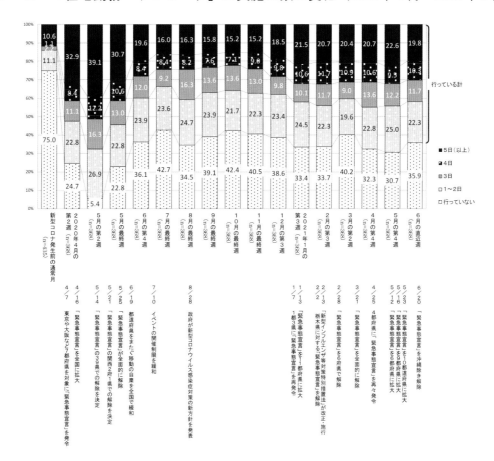

（注）「５・８・12・３・６月調査の毎回回答者」のうち、2020年４／１時点から「５月調査」
　　　「８月調査」「12月調査」「３月調査」「６月調査」のいずれの時点も「民間企業の
　　　雇用者」で、勤務先における就労面での対応として「在宅勤務・テレワークの実施」
　　　を挙げたケース（ｎ＝368）で１週間当たりの実施日数の変化を集計。
　　資料出所：ＪＩＬＰＴ「新型コロナウイルス感染拡大の仕事や生活への影響に関する調査
　　　　　　　（ＪＩＬＰＴ第３回）（８〜11月の変化を中心に12月に調査・４月からの連続パ
　　　　　　　ネル個人調査）」（※連合総研との共同研究で、「４月調査」との連続パネルを形成）。

　なお、企業調査（連続パネル調査）[7]結果では、2020年２月の7.3％から５月には56.4％にまで上
昇した後、最初の緊急事態宣言の解除とともに在宅勤務（テレワーク）を実施する企業割合が低下
傾向にあったが、２度目の緊急事態宣言が発出された2021年１月には再び41.0％まで上昇し、その
後一旦低下したが、３月から５月にかけて上昇し、５月には40.7％となっている。

　新型コロナウイルス感染症拡大以降のテレワークの実施については、新型コロナウイルス感染症
対策として実施している人が多く、それ以外の理由で継続・中断・再開している人は少ない傾向に
ある。

　テレワーク実施のきっかけについては、「新型コロナウイルス感染症対策」が約85％（会社から
の指示・推奨等79％、自主的６％）となっており、「柔軟な働き方による時間の有効活用」が約５％、
他はいずれも３％未満となっている。また、テレワークを中断した場合、その理由は「会社から出

7　ＪＩＬＰＴ「第４回新型コロナウイルス感染症が企業経営に及ぼす影響に関する調査」（2021年１〜５月の変化を６月
　に調査・2020年２月からの連続パネル企業調査）。

勤するよう指示等があったから」が約49％で最も多く、「テレワークを実施したきっかけ（新型コロナウイルス感染症対策として、会社からの指示・推奨等）がなくなったから」が約18％で続く。その他、「テレワークのメリットを感じなかったから」が約6％、「デメリットが大きかったから」が約2％となっている[8]。

・属性別にみたテレワーク実施割合（推移）

　テレワークの実施割合は属性によって差がみられる。

　個人調査によると、2020年7月最終週時点の在宅勤務日数「0日」の割合は、女性（57.3％）、中学・高校卒（65.6％）、建設業（84.8％）、卸売・小売業（62.3％）、サービス職（78.9％）、技能・労務職（77.8％）、勤続5年未満（56.2％）、年収300万円未満層（68.0％）などで相対的に高くなっている。一方、在宅勤務日数「3日以上」の割合は、情報通信業（55.6％）、首都圏1都3県居住者（43.5％）で高い[9]。また、別の労働者調査[10]では、2021年3月下旬のテレワークの実施状況（週1日以上）をみると、全体で20.5％であるが、職種では、管理職（39.6％）、専門技術職（32.9％）、年収では、800万円以上（56％）、600～800万円未満（39.4％）の割合が高い。

　企業調査（連続パネル調査）[11]で、産業別の推移をみると、実施率が最も高い「情報通信業」では、2021年5月時点でも8割近く（79.2％）の企業が実施している（**図表Ⅱ－5－3**）。

図表Ⅱ－5－3　産業別在宅勤務（テレワーク）実施率の推移（2020年2月～2021年5月）

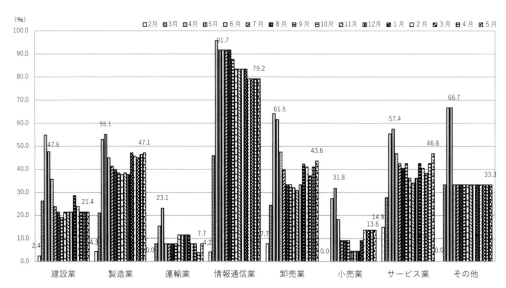

資料出所：ＪＩＬＰＴ「第4回新型コロナウイルス感染症が企業経営に及ぼす影響に関する調査」（2021年1～5月の変化を6月に調査・2020年2月からの連続パネル企業調査）。

---

[8]　国土交通省「令和2年度テレワーク人口実態調査」。

[9]　ＪＩＬＰＴ「第2回新型コロナウイルス感染拡大の仕事や生活への影響に関する調査」、高見具広「在宅勤務は誰に定着しているのか－「緊急時」を経た変化を読む－」ＪＩＬＰＴリサーチアイ第46回（2020年9月16日）。

[10]　連合総研「第41回勤労者短観」（2021年4月調査）、同報告書Ⅲ-24に属性の表あり。

[11]　前出ＪＩＬＰＴ「第4回新型コロナウイルス感染症が企業経営に及ぼす影響に関する調査」。

　テレワークの実施割合は、従業員規模や就業形態による差も大きい。

　2020年10月の労働者調査（連合総研「勤労者短観」）では、正社員31.8％に対し、非正社員は8.9％となっている。従業員規模別でみると、新型コロナウイルス問題が発生する前では、いずれの企業においても、在宅勤務・テレワークの実施割合は１割程度であったが、５月には、従業員規模1,000人以上の企業における実施割合が51.2％まで増加し、９月では10.9％ポイント減少したものの40.3％の＜実施割合＞を維持している。一方、従業員規模99人以下の企業では、５月時点でも７割以上（74.8％）が在宅勤務・テレワークを実施していない[12]。

　テレワークの実施割合は、従業員規模、就業形態により、大きな差がみられるが、従業員規模ごとに就業形態別にみると、非正社員は従業員規模に関わらず実施割合が低くなっている。従業員規模1,000人以上の企業でみると、正社員は40.3％、非正社員は13.1％の実施割合となっている（**図表Ⅱ－５－４**）。

図表Ⅱ－５－４　在宅勤務・テレワークの実施割合の推移
（従業員規模別、雇用形態別）（労働者調査）

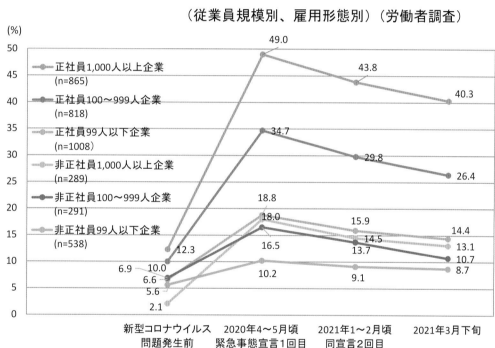

（注）Ｎ＝4,307、従業員規模が「わからない」の回答を除いて表を作成。
資料出所：連合総研「第41回勤労者短観」（2021年４月実施）をもとに作成。

テレワークのメリット、デメリット

　テレワークの効果（メリット）について、企業調査の結果をみると、「働き方改革が進んだ（時間外労働の削減）」（50.1％）、「業務プロセスの見直しができた」（42.3％）、「定型的業務の生産性が上がった」（17.0％）、「特になし」（17.0％）、「コスト削減」（14.3％）と続いている[13]。また、同

---

[12] 2020年５月末～６月実施の企業調査（東京商工会議所「テレワークの実施状況に関する緊急アンケート」調査）でも、従業員規模が大きいほど実施率が高い（実施率は、全体67.3％、従業員規模30人未満45.0％、30人以上50人未満63.2％、50人以上100人未満64.4％、100人以上300人未満77.0％、300人以上90.0％）。
[13] 東京商工会議所「テレワークの実施状況に関する緊急アンケート」調査（2020年６月）。

調査結果では、緊急事態宣言下にテレワークを行ったことで感じた良い変化、新たな気付きとして、「管理職や経営層の間でテレワークの利用が進んだ、理解が深まった」（57.3％）、「これまでテレワークではできないと考えていた業務が、テレワークでできることが分かった」（31.3％）、「Ｗｅｂ会議システム等を活用し、遠隔地に居住する人を対象とした採用活動が実施しやすくなった」（27.2％）等が挙げられている。

　また、テレワークの導入目的ごとにテレワークの効果についてきいた連続パネル企業調査[14]では、「非常に効果があった」と「効果があった」の合計では、「通勤負担の軽減」（81.9％）が最も高く、次いで「通勤者のゆとりと健康生活」（81.4％）、「ワーク・ライフ・バランスの向上」（72.0％）、「人材の確保・流出の防止」（59.6％）、「新型コロナウイルス感染症の感染拡大への対応」（58.8％）の順に高くなっており、全体でみても効果があったとする企業割合がなかったとする企業割合を上回っている。

　テレワークのメリットについて労働者調査の結果をみると、「通勤時間を節約することができる」[15]「通勤による心身の負担が少ない」「隙間時間などを有効活用することができる」といったワークライフバランスの向上に関連する項目をメリットとして挙げる割合が高い。また、「急な仕事の依頼や余計な会話が減って、担当している業務に集中できる」や「仕事の生産性・効率性が向上する」といった生産性の向上に関連する項目についても一定割合がメリットとして挙げている（**図表Ⅱ－5－5**）。

図表Ⅱ－5－5　テレワークのメリット（労働者調査）（複数回答）

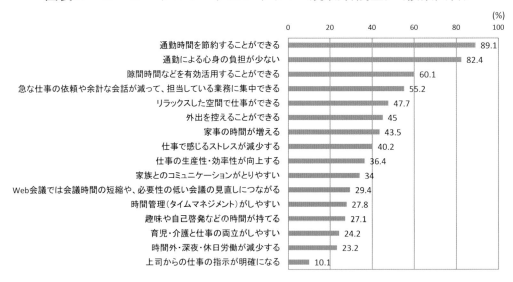

項目	(%)
通勤時間を節約することができる	89.1
通勤による心身の負担が少ない	82.4
隙間時間などを有効活用することができる	60.1
急な仕事の依頼や余計な会話が減って、担当している業務に集中できる	55.2
リラックスした空間で仕事ができる	47.7
外出を控えることができる	45
家事の時間が増える	43.5
仕事で感じるストレスが減少する	40.2
仕事の生産性・効率性が向上する	36.4
家族とのコミュニケーションがとりやすい	34
Web会議では会議時間の短縮や、必要性の低い会議の見直しにつながる	29.4
時間管理（タイムマネジメント）がしやすい	27.8
趣味や自己啓発などの時間が持てる	27.1
育児・介護と仕事の両立がしやすい	24.2
時間外・深夜・休日労働が減少する	23.2
上司からの仕事の指示が明確になる	10.1

N＝1,343

資料出所：三菱ＵＦＪリサーチ＆コンサルティング㈱「テレワークの労務管理等に関する実態調査」（2020年11月速報版）をもとに作成。

---

[14]　ＪＩＬＰＴ「第3回　新型コロナウイルス感染症が企業経営に及ぼす影響に関する調査」（一次集計）結果（2020年10、11、12月、2021年1月の変化を2021年2月に調査・2020年2月からの連続パネル企業調査）。

[15]　「テレワーク・リモートワーク総合研究所」調査（2020年9月、ｎ＝1,077）によると、テレワークによって浮いた通勤時間の使い方については、男性は「仕事」と「ＳＮＳ・ネットサーフィン」が22.8％で同率1位、女性は「家事」が40.5％で1位、「ＳＮＳ・ネットサーフィン」が24.5％で2位となっている。

　テレワークの課題（デメリット）について、企業調査では、「出社時と比べて、職場の人とのコミュニケーションが取りづらい」（75.5％）、「個人の業務の進捗や達成度の把握が難しい」（59.9％）、「業務の性質上、テレワーク可能な業務を切り出すことが難しい」（53.4％）、「対面でないためOJTによる人材育成が難しい」（42.0％）等が挙げられている（**図表Ⅱ－5－6**）。

図表Ⅱ－5－6　テレワークの課題（企業調査）（複数回答）

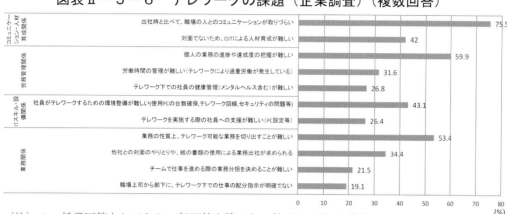

　（注）　1．任意回答としており、無回答を除いたn数（1,485）を集計。
　　　　　2．「その他」とした回答3.2％を除いて表を作成。
　資料出所：ＪＩＬＰＴ「第3回 新型コロナウイルス感染症が企業経営に及ぼす影響に関する調査」
　　　　　　（2021年2月調査）をもとに作成。

　労働者調査では、社内でのコミュニケーションが不足するということや、勤務時間とそれ以外の時間との区別がつけづらいということがデメリットや課題として挙げられている（**図表Ⅱ－5－7**）。

図表Ⅱ－5－7　テレワークの課題（労働者調査）

■テレワークで感じたデメリット（労働者調査）

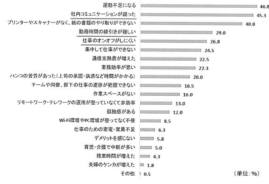

資料出所：スタッフサービス・ホールディングス「「テレワーク導入後の働き方」に関する意識調査」。

■テレワークの課題（労働者調査）

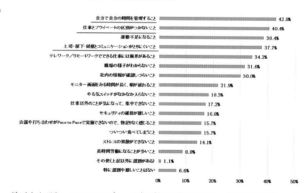

資料出所：ＮＴＴデータ経営研究所ほか「緊急調査：パンデミック（新型コロナウイルス対策）と働き方」。

■テレワークのデメリットだと感じる点（労働者調査）

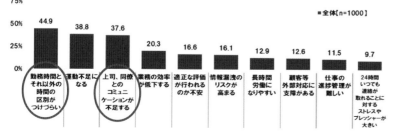

資料出所：日本労働組合総連合会「テレワークに関する調査2020」。

　また、2020年からの継続調査[16]では、第１回調査から一貫して、４割前後のテレワーカーが、自宅の環境整備に係る項目（「Ｗｉ－Ｆｉなど、通信環境の整備」「部屋、机、椅子、照明など物理的環境の整備」）を課題として挙げている[17]。2021年４月実施の労働者調査[18]では、環境整備のうち、通信費や光熱費にかかる手当の支払いについては、「全く支給されていない」割合が約６割となっている（**図表Ⅱ-5-8**）。また環境整備の支援については、従業員規模による差も大きい。

図表Ⅱ－5－8　テレワーク環境の整備状況（労働者調査）

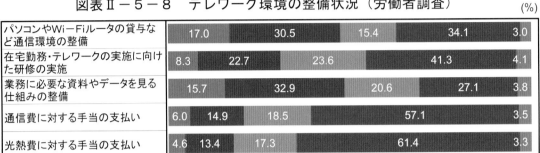

(%)

	十分に支援されている	ある程度支援されている	あまり支援されていない	全く支援されていない	わからない
パソコンやWi－Fiルータの貸与など通信環境の整備	17.0	30.5	15.4	34.1	3.0
在宅勤務・テレワークの実施に向けた研修の実施	8.3	22.7	23.6	41.3	4.1
業務に必要な資料やデータを見る仕組みの整備	15.7	32.9	20.6	27.1	3.8
通信費に対する手当の支払い	6.0	14.9	18.5	57.1	3.5
光熱費に対する手当の支払い	4.6	13.4	17.3	61.4	3.3

（注）在宅勤務・テレワーク実施者が回答、n＝1,214。
資料出所：連合総研「第41回勤労者短観」（2021年４月調査）をもとに作成。

テレワークと労働時間

　労働時間については、全体でみると、緊急事態宣言期間中である2020年５月第２週は、在宅勤務の有無にかかわらず、コロナ前と比べて、労働時間が大きく減少している。同年11月には、労働時間は増加しているものの、コロナ前よりは減少しており、在宅勤務経験あり・継続の場合は、平均して2.74時間減少している。なお、在宅勤務経験なしの層での労働時間の減少等については、外出自粛・移動自粛の要請下で営業時間短縮を迫られた対人サービスの仕事が多く含まれていること等に留意する必要がある[19]（**図表Ⅱ－5－9**）。

---

[16] 公益財団法人　日本生産性本部「新型コロナウイルス感染症が組織で働く人の意識に及ぼす影響についての継続調査（第６回「働く人の意識調査」2021年７月）。

[17] 連合「テレワーク導入に向けた労働組合の取り組み方針」（2020年９月）では、「テレワーク導入に伴う費用負担については、原則として使用者負担が望ましいことに留意し検討する」と明記し、会社が実費負担する環境整備にかかわる項目として、パソコン、ウイルス対策ソフト、テレワーク勤務場所の利用料金・機器レンタル料金、机、椅子、プロバイダ契約・工事費、ＰＣ周辺機器などを列記している。また、在宅勤務に必要なランニングコストについては、「通話料、インターネット接続費用、水道光熱費などは、テレワークを行う上で毎月発生するコストであるため、毎月支払う手当として支給することが望ましいことに留意して検討を行う」との考え方を示している。

[18] 連合総研「第41回勤労者短観」、同報告書Ⅲ-25に従業員規模別の表あり。

[19] 高見具広「在宅勤務によるワークライフバランスの新しい形」は、在宅勤務経験なしの層で労働時間が大きく落ち込んだことについて、「在宅勤務が行われなかった中には、飲食店等、在宅勤務に馴染みにくく、外出自粛・移動自粛の要請下で営業時間短縮を迫られた対人サービスの仕事が多く含まれるからである。」「労働時間の減少について、緊急事態宣言下の在宅勤務で労働時間が減少した背景には、在宅勤務に伴って残業が減った場合のほか、感染対策を最優先にした緊急避難的な在宅勤務で、実労働時間が極端に低下した場合があったものと推測される。」等の分析を行っている（ＪＩＬＰＴリサーチアイ第57回）。

図表Ⅱ－５－９　週実労働時間のコロナ前からの変化（平均変化時間数）
（在宅勤務の経験・継続別）

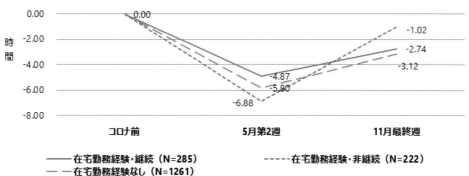

（注）「在宅勤務経験・継続」＝３～５月に初めて在宅勤務を経験した者のうち、2020年12月時点まで在宅勤務を継続している者、「在宅勤務経験・非継続」＝経験したものの12月調査時点で在宅勤務を行っていない者、「在宅勤務経験なし」（＝比較対象）＝この間に在宅勤務の経験がない者。
資料出所：高見具広「在宅勤務によるワークライフバランスの新しい形」ＪＩＬＰＴリサーチアイ第57回（2021年３月）。

　全体の労働時間が減少している一方、テレワーク実施により労働時間が減る人と増える人は、二極化している[20]。2020年３月の労働者調査では、労働時間が減る（減る7.6％、やや減る25.5％）が33.1％、増える（増える4.9％、やや増える18.2％）が23.1％となっている。

　2020年12月の調査結果[21]では、テレワーク実施により労働時間が減った人は約35％、変化しなかった人は約39％、増えた人は約26％という結果もでている。同調査では、労働時間が減った人の１日の減少時間は平均約80分、増えた人の増加時間は平均約60分となっている（**図表Ⅱ－５－10**）。

図表Ⅱ－５－10　テレワーク実施による１日の労働時間の増減時間（労働者調査）

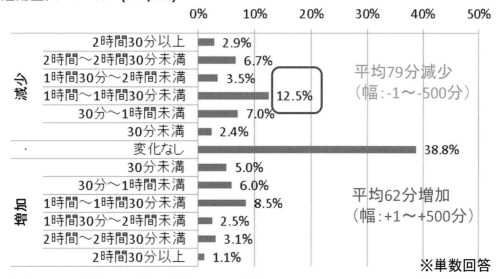

（注）１日の労働時間の増加と減少について質問している。
資料出所：国土交通省「令和２年度テレワーク人口実態調査」。

---

[20] 2020年３月に実施された、リクルートマネジメントソリューションズ「テレワーク緊急実態調査」。
[21] 国土交通省「令和２年度テレワーク人口実態調査」（2021年３月）。

　テレワーク実施時における労働時間管理も課題となる。2020年10月労働者調査[22]で「在宅勤務・テレワークにおける問題のある経験」の有無についてきいたところ、「通常よりも長時間勤務になった」が45.3％、「勤務時間外の連絡」が43.8％、「休憩時間がとれない」が42.9％となっている。

　テレワーク実施時における労働時間把握について、厚生労働省の「適正把握ガイドライン」[23]では、客観的な記録による把握を原則的な方法としているが、テレワーク実施時における労働時間把握については、自己申告などによる把握が多くなっている。同調査結果でも、出勤時とテレワーク時で労働時間把握を比較すると、在宅勤務・テレワーク時に「自己申告」（19.3％）や「メール等による管理者への報告」（15.4％）など、客観的とはいえない方法で労働時間管理を行う割合が高くなっている。

　なお、企業調査によると、自己申告制を採用している企業の労働時間の適正把握の取り組みとして、「従業員に対して適正な申告を行うことの必要性等を説明」が78.3％と最も多く、「上長等に対して適正な申告を行うことの必要性等を説明」が72.3％、「実際の労働時間との合致状況について実態を調査」36.2％などが挙げられている[24]。

テレワークと生活時間、ワークライフバランス

　テレワークではワークライフバランスの向上がメリットとして挙げられることが多い（**図表Ⅱ－5－5参照**）。

　テレワークの実施の有無別にワークライフバランスへの意識をきいた調査（2021年4－5月時点）でも、「感染拡大前よりも、生活を重視するように変化」との回答割合が、テレワークを実施した層の方が実施していない層よりも11.9％ポイント高い調査結果がでている（**図表Ⅱ－5－11**）。

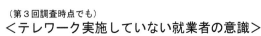

図表Ⅱ－5－11　テレワークの実施によるワークライフバランスの意識の変化

（第３回調査時点でも）
＜テレワーク実施していない就業者の意識＞

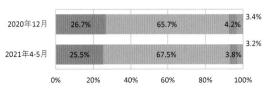

（第３回調査時点で）
＜テレワークを（新たに）実施した就業者の意識＞

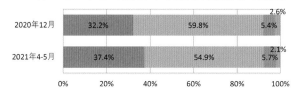

（注）第２回調査・第３回調査の継続回答者（就業者）のうち、第２回調査で「テレワーク経験が無い」と回答していた回答者（3,201人）を抽出して集計。
資料出所：内閣府「第３回　新型コロナウイルス感染症の影響下における生活意識・行動の変化に関する調査」（2021年6月公表、4月30日～5月10日調査）。

---

[22]　連合総研「第40回勤労者短観」。

[23]　厚生労働省「労働時間の適正な把握のために使用者が講ずべき措置に関するガイドライン」（2017年1月20日基発0120第3号）。

[24]　三菱ＵＦＪリサーチ＆コンサルティング㈱「テレワークの労務管理等に関する実態調査」（2020年）。

　しかし、テレワークがワークライフバランスに資するという結果が出ている一方、労働時間の生活空間、生活時間の侵食といった関連課題も浮き彫りになっている。

　2020年10月労働者調査[25]では、在宅勤務・テレワーク時に、家事、育児、介護で仕事に集中できなかった経験があったとする割合が、全体の４割弱（38.5%）にのぼっており、末子年齢14歳までの子どもありの人の場合は、家事、育児、介護で仕事に集中できなかった経験があったとする割合は６割以上になるなど、属性による差が大きくなっている。

テレワークとコミュニケーションの課題

　テレワークの拡大は、オフィスで密にコミュニケーションをとりながら仕事を進める形から、自宅等で各自仕事を進める形への、ワークスタイルの転換をもたらしたが、前出（**図表Ⅱ－５－５**）にもあるように、非対面の下でのコミュニケーションの関連課題が浮上している。

　連続パネル企業調査[26]では、「出社時と比べて、職場の人とのコミュニケーションが取りづらい」とする企業が８割弱（75.5%）となっている。また、同項目の対応状況について、対応できている割合が20.2%（「対応できている（できた）」1.1%、「どちらかといえば対応できている」19.1%）であるのに対し、対応できていない割合が41.4%（「対応できていない（できない）」8.4%、「どちらかといえば対応できていない」33.0%）と、対応できていない割合の方が21.2%ポイント高くなっている。

　テレワークの拡大にともなう上司・同僚等との対面コミュニケーションの縮小は、社員の孤立感・孤独感につながる可能性もある。テレワークで仕事の満足を得られるか否かは、個々の性格と環境との適合性（相性）によって個人差があるとも考えられる[27]。

　テレワークの実施に関する考え方にミスマッチが生じないよう、労使における話し合いの機会を持つことが重要である。この点、テレワークの働き方に関する労使の話し合いの機会・予定についての労働者調査（テレワーク実施）では[28]、労使で話し合う機会・予定のある人は、約３人に１人（33.9%）にとどまっており課題がある。

テレワークにおける生産性、効率性　等

　企業調査、労働者調査では、テレワークのメリットについて、生産性や効率性の向上に関連する項目が挙げられている（81〜82頁）。しかし、コロナ禍におけるテレワークの生産性については、個人の主観的な評価では肯定的・否定的に捉える結果が混在しており、客観的なデータはまだ確認できず、過去の先行研究でも評価は定まっていない[29]。なお、在宅勤務・テレワークによる仕事の

---

[25]　連合総研「第40回勤労者短観」。

[26]　ＪＩＬＰＴ「第３回 新型コロナウイルス感染症が企業経営に及ぼす影響に関する調査」（一次集計）結果（2020年10、11、12月、2021年１月の変化を2021年２月に調査・2020年２月からの連続パネル企業調査）。

[27]　高見具広「テレワークで満足を得られる人、得られない人－個人の性格による違い－」（ＪＩＬＰＴリサーチアイ 第67回、2021年８月）。

[28]　三菱ＵＦＪリサーチ＆コンサルティング㈱「テレワークの労務管理等に関する実態調査」（2020年）によると、「常設の協議体で話し合う機会・予定がある」25.0%、「常設の協議体はないが、労使で話し合う機会・予定がある」8.9%、「常設の協議体はあるが、話し合う機会・予定はない」6.1%、「常設の協議体はなく、労使で話し合う機会・予定もない」16.1%となっている。

[29]　井上裕介「テレワークは今後も定着していくか？生産性の高いテレワーク実現に向けた方策提言－ＪＩＬＰＴ新型コロナの雇用への影響　６月企業調査からの示唆－」（ＪＩＬＰＴリサーチアイ 第42回、2020年７月）では、肯定的な結果として「テレワーク実態調査（前編）結果（リクルートマネジメントソリューションズ）」、否定的な結果として「第２回テレワークに関する就業者実態調査（速報）（慶應義塾大学）」を挙げている。

生産性・効率性について約３分の２が「低下する」（「低下する」66.2％、「変化なし」21.1％、「上昇する」12.7％）という労働者調査の結果も出されており[30]、生産性、効率性にかかる課題について、今後検証が必要である。

　また、新型コロナウイルスの影響で在宅勤務が急激に増加していることも背景に[31]、日本型の雇用システムを「ジョブ型雇用」[32]と呼ばれる雇用制度に切り替えるべきとの議論がおこっている[33]。

　一方、「ジョブ型雇用」の用語については、これまで厚生労働省においては「多元的な働き方」もしくは「多様な働き方」とされ、規制改革会議雇用ワーキング・グループ報告書（2013年５月29日）において「ジョブ型正社員」は、「職務、勤務地又は労働時間が限定されている正社員」と説明しているなど、「ジョブ型雇用」に関しては多様な解釈が存在し、導入にあたっての課題や問題点も整理されているとは言い難い。「ジョブ型」はどのような働き方なのか、付加価値の発揮をどのように検証するのか、日本の強みである「人」基準、いわゆる人的資源の積み上がりにつなげる技能育成を誰が担うのか、など職場における課題の深掘りが必要である。

今後のテレワークの継続（実施）意向

　感染拡大・緊急事態宣言に対応するため急拡大したテレワークであるが、労働者調査では、新型コロナウイルスの感染拡大後、テレワークを実施した労働者の多くが何らかのメリットを感じており、「今後のテレワークの継続意向」では、「希望する」とする回答が81.8％にのぼっている（連合「テレワークに関する調査2020」）。

　一方、テレワーク未実施の労働者について、労働者本人が希望し、仕事の性質上もテレワークが可能であるにもかかわらず、テレワークを実施できなかった人が少なからず存在する[34]。労働者調査の結果では、在宅勤務・テレワーク未経験者のうち、今後在宅勤務・テレワークの実施を希望する人は、34.9％となっている。属性別にみると、女性正社員（46.4％）、管理職（48.5％）、事務職（47.3％）、６歳未満の子のいる人（47.5％）となっており、約半数の人が、今後テレワーク等の実施を希望している[35]。

---

[30]　ＪＩＬＰＴ「新型コロナウイルス感染拡大の仕事や生活への影響に関する調査（ＪＩＬＰＴ第３回）」（2020年12月）。なお、大久保敏弘・ＮＩＲＡ総合研究開発機構（2021）「第４回テレワークに関する就業者実態調査報告書」の結果も同様の傾向がみられる。

[31]　ＮＨＫ時論公論「コロナで変わる働き方〜ジョブ型雇用とは？」（2020年８月）では、「ジョブ型は、もともと仕事の内容や範囲が限定されており、仕事と責任が個人単位で明確になっていれば、在宅でもテレワークでも、仕事が進めやすくなる」と解説している。

[32]　「ジョブ型」の定義については、論者により異なる場合がある。「『ジョブ型』雇用とは？第一人者が語るメリット・デメリットと大きな誤解」（独立行政法人　労働政策研究・研修機構　労働政策研究所長　濱口桂一郎氏インタビュー、2021年８月リクナビＮＥＸＴジャーナル）では、「ジョブ型」雇用とは、「企業が人材を採用する際に職務、勤務地、時間などの条件を明確に決めて雇用契約を結び、雇用された側はその契約の範囲内のみで働くという雇用システム。そのため別部署への異動や他拠点への異動、転勤はなく、昇進や降格も基本的にはない」と説明している。

[33]　厚生労働省テレワーク総合ポータルサイトによると、海外のテレワーク実施率は米国85％（Survey on workplace flexibility 2015, WorldatWork）、英国38.2％・ドイツ21.9％・フランス14.0％（European Company Survey on Reconciliation of Work and Family Life 2010）となっている。

[34]　リクルートワークス研究所「全国就業実態パネル調査2020臨時追跡調査」によると、事務職では４人に３人はテレワークを行っておらず、その約６割が、職場でテレワークが認められなかったことを理由にあげている。

[35]　連合総研「第40回勤労者短観（2020年10月実施）」。

　新型コロナウイルス感染拡大のもとでは、感染が重症化するリスクを回避するための「働き止め」が、高齢者のほか子どもを心配した30代から40代などの母親にも数多くみられたことが指摘されている[36,37]。

　テレワークの実施可能性は対人でのサービスが必要となる事業特性や職業特性によってはそもそも困難という事情もあるが、緊急事態宣言を契機としてテレワークを導入したことで「これまでテレワークではできないと考えていた業務が、テレワークでできることが分かった」（31.3%）、という調査結果も出されている。一般にテレワークを行うことが難しい業種・職種であってもテレワークを実施できる場合があり、必ずしも既存の業務を前提にテレワークの対象業務を選定するのではなく、仕事内容の本質的な見直しを行うことが有用である場合もある[38]。

　テレワークは、感染症の拡大などによって通勤困難に直面したときでも、就業を断念させない手段として考えられる。通勤に伴うリスクから「働き止め」を選択しないですむ職場環境の整備が、引き続き今後の課題といえる。希望があり導入が可能な場合は、雇用形態等を問わず、導入と定着に向けた環境の整備を行うことが重要である[39]。

働き方の変化と人材育成の重要性

　新型コロナウイルス感染拡大により「働き方」に大きな変化がもたされた。

　新型コロナウイルス感染症の流行が落ち着いた後、「仕事のやり方」や「働き方」に変化が「あると思う」とした回答者は労働者（正社員）調査結果[40]では46.6%、企業調査結果では、27.7%になっている。また、企業調査結果を従業員規模別にみると、「9人以下」20.7%、「10〜29人」26.6%、「30〜99人」26.6%、「100〜299人」46.6%、「300人以上」57.6%となっており、規模の大きい会社ほど、「変化する」と回答する割合が高い。

　新型コロナウイルス感染症の流行が落ち着いた後、従業員の「仕事のやり方」や「働き方」に変化があると回答した労働者と企業に「どのようなことが会社から求められると思うか」「どのような人材をより重視するか」尋ねた設問では、「より生産性や効率性を意識する」の回答割合がともに最も高かったが、「自己啓発を行うなど自ら能力を伸ばすことに積極的になる」については、企業の回答が42.1%となっているのに対し、労働者の回答は13.8%に留まっている（**図表Ⅱ−5−12**）。

　なお、労働者調査では、それらを会社から求められた場合に不安に感じるかをきいた設問には、全体では約1割（10.3%）が「とても不安がある」、約4割（39.9%）が「やや不安である」と回答しており、特に年代が若くなるほど「とても不安である」または「やや不安である」という回答割合が高くなっている。

---

[36] 玄田有史「感染拡大と職場の危機対応」連合総研2020〜2021年度・経済情勢報告所収。

[37] テレワークの実施割合に関して「『非正社員』では在宅勤務・テレワークが進み難かったために、『勤務日数や労働時間の減少（結果として「収入の減少」）』に繋がりやすい側面もあった」可能性も指摘されている（渡邊木綿子「コロナショックは、仕事や生活にどのような影響を及ぼしているのか」−「新型コロナウイルス感染拡大の仕事や生活への影響に関する調査」結果より−ＪＩＬＰＴ「Business Labor Trend 2020.8-9」）。

[38] 厚生労働省「これからのテレワークでの働き方に関する検討会報告書」（2020年12月）。

[39] 厚生労働省「在宅勤務での適正な労働時間管理の手引」では、「どのような業種や職種であれ、労働者一人ひとりの仕事内容は多種多様であり、その中に在宅勤務に向く仕事とそうでない仕事が混在している。「この職種は在宅勤務に向いていない」などと、最初から在宅勤務による働き方を選択肢から取り除かないで一人ひとりの仕事を洗い出し、分析してみることが大切である」としている。

[40] ＪＩＬＰＴ「人材育成と能力開発の現状と課題に関する調査」2020年9月〜10月。

図表Ⅱ－5－12　新型コロナウイルス感染症流行が落ち着いた後の
「仕事のやり方」や「働き方」の変化（企業調査・
労働者調査）（複数回答）

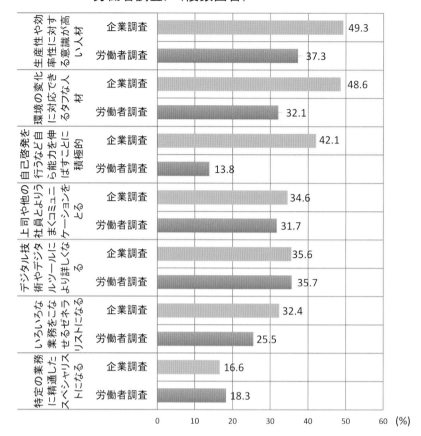

（注）1．新型コロナウイルス感染症の流行が落ち着いた後、従業員の「仕事のやり方」
や「働き方」に変化があると回答した企業と労働者（46.6%）を対象としてい
る。
2．企業調査では、今後、どのような人材をより重視するかを尋ねている。
3．労働者調査では、どのようなことが会社から求められると思うかを尋ねている。
資料出所：ＪＩＬＰＴ「人材育成と能力開発の現状と課題に関する調査」2020年をもとに作成。

　企業調査[41]では、新型コロナウイルス感染症の流行が落ち着いた後、「仕事のやり方」や「働き方」
の変化に伴って予想される人材育成・能力開発への影響として、3割超（33.8%）が「個人の仕事
の範囲や役割がより明確になる」を挙げている。次いで「リモートワークを活用した研修が増える」
が27.4%、「より自己啓発を重視する」が22.6%などとなっており、企業は個人に焦点を当てた人
材育成を重視する姿勢を示している。
　新型コロナウイルス感染拡大前（2019年10月）の調査では、自己啓発を実施した労働者は全体で
32.2%であり、年齢別にみると、20歳以上では、「20〜29歳」（39.1%）、「30〜39歳」（37.8%）、「40
〜49歳」（31.8%）、「50〜59歳」（29.8%）、「60歳以上」（18.7%）と、年齢階級が若いほど受講率
が高くなっている[42]。

[41]　ＪＩＬＰＴ「人材育成と能力開発の現状と課題に関する調査」企業調査（2020年9月〜10月）。
[42]　厚生労働省「令和2年度『能力開発基本調査』」個人調査（2019年10月）。

　前出のとおり（**図表Ⅱ－５－６参照**）、テレワークにおいては対面でないため、ＯＪＴに課題があることも指摘されているが、過去の企業調査では、若年層（入社３年程度までの人）の人材育成手段として、計画的・系統的なＯＪＴの実施割合が高くなっている結果もでている[43]。今後は、新たな働き方を念頭においた能力開発を検討することが重要である。

　なお、能力開発についても、正社員と非正社員間で機会の格差があることが従来から指摘されている[44]。雇用形態の違いのみを理由として、教育訓練、テレワーク対象者を分けることのないよう留意する必要がある。

---

[43]　ＪＩＬＰＴ「研修機構「人材マネジメントのあり方に関する調査」（2014年）。

[44]　厚生労働省「令和２年度『能力開発基本調査』」企業調査　によると、ＯＦＦ－ＪＴを実施した事業所割合は、正社員68.2%（前回75.1%）、非正社員29.0%（前回39.5%）となっている。

第6章　家計収入の変化

第Ⅱ部　第6章のポイント

第1節　家計収入の推移～コロナ禍でも落ち込まない実収入

○二人以上世帯のうち勤労者世帯の実収入の対前年実質増減率は、コロナ禍でもプラスで推移した。コロナ禍でも実収入が落ち込まなかった要因は、世帯主の配偶者の勤め先収入の伸びと特別定額給付金の下支えである。

第2節　勤労者世帯の年収格差～コロナ前からすでに拡大傾向

○二人以上世帯のうち勤労者世帯の世帯年収格差を過去20年間のジニ係数でみると、格差は縮小傾向にあったが、コロナ前の2018年からゆるやかな拡大に転じている。その要因は、中・低収入層での世帯主の勤め先収入の減少、高収入層での世帯主の配偶者の勤め先収入の増加であると考えられる。高収入層ほど、一世帯あたりの有業人員が多い、妻が有業で、しかも正規雇用である比率が高いという背景がある。

第3節　単身世帯の年収格差～コロナ前から縮小傾向

○単身世帯のうち勤労者世帯についても同様にジニ係数をみると、コロナ前から縮小傾向にある。その要因として、低収入層での勤め先収入の増加、特別定額給付金の下支え、非正規雇用率の低下が考えられる。

○世帯年収格差の改善策として、低収入層での働き手の増加があげられるが、ひとり親世帯、高齢世帯のように働き手を増やせない世帯もあるし、単身世帯はもともとそれができないため、これだけでは限界がある。格差改善には、同一労働同一賃金といった非正規雇用の処遇改善が重要である。

第6章　家計収入の変化

　新型コロナウイルス感染拡大が家計に与える影響は大きい。連合総研「勤労者短観」[1]をみると、新型コロナの雇用・収入への影響が大きい勤労者ほど、世帯収入が減少している割合が高くなるという傾向がある。また、こうした状況は新型コロナの長期化とともによりいっそう深刻化している。「1年前と比較した現在の世帯年収」について、新型コロナの影響が大きかった勤労者では、世帯収入が「減った」とする割合は2020年4月で53.4％だったのが、2021年4月には71.8％と上昇した。反対に、新型コロナの影響がまったくなかった勤労者では、世帯収入が「増えた」とする割合が「減った」を上回り、対照的な状況が明らかになった。

　同調査から、世帯の収支状況をみても同じような結果が得られた。「過去1年間の世帯全体の年間収支」について、新型コロナの影響が大きかった勤労者で「赤字」と回答したのは2020年4月で40.4％だったが、2021年4月には53.4％に上昇した。一方、新型コロナの影響がまったくなかった勤労者で「黒字」と回答したのは2020年4月、2021年4月ともに4割を超えていた。

　こうした勤労者の生活実感にもみられるように、新型コロナは家計にどのような変化を及ぼしているのか。本章では、勤労者世帯の収入面に焦点をあて、新型コロナ発生以前と以後の変化と格差について検討する。

第1節　家計収入の推移〜コロナ禍でも落ち込まない実収入

　総務省統計局「家計調査」により、二人以上世帯のうち勤労者世帯の1ヵ月間の実収入の対前年実質増減率をみると、2015年以降増加が続いた。2020年には4.0％に若干減少しているものの、コロナ禍であってもプラスで推移した。リーマンショックの影響を受けた2008年に▲0.6％、2009年に▲1.5％と、ともにマイナスであったことからも、リーマンショック時とは異なり、新型コロナの実収入への影響は明確にはあらわれていない（**図表Ⅱ-6-1**）。

　コロナ禍でも2020年に実収入が落ち込まなかった要因は2つあるといえる。ひとつは、世帯主の勤め先収入が▲1.5％と減少したが、世帯主の配偶者の勤め先収入が7.6％と大きな伸びを示したことである。これは、新型コロナの影響により失業・休業等を余儀なくされた女性や非正規で働く人びとが多い一方で、業種によっては正規で働く女性が増加したためと考えられる（第Ⅱ部第4章を参照）。

　それだけでなく、コロナ発生以前から、1世帯あたりの有業人員の増加、世帯主の配偶者のうち妻の有業率の上昇が年々続いているという背景もある。10年前と比較すると、1世帯あたりの有業人員は2010年1.66から2020年1.79に増加し、妻の有業率は2010年41.4％から2020年54.7％に上昇した。

　もうひとつの要因は、1人あたり一律10万円の特別定額給付金による下支えがあったことである。詳細については後述する。

---

[1] 連合総研「勤労者短観」では、年2回（4月、10月）、全国に居住する20代から60代前半までの民間企業に雇用されている労働者を対象に、勤労者の仕事と暮らしに関する意識について調査している。サンプル数は4,307。

図表Ⅱ－6－1　1ヵ月間の実収入・世帯主の勤め先収入・配偶者の勤め先収入の
対前年実質増減率（二人以上世帯のうち勤労者世帯）

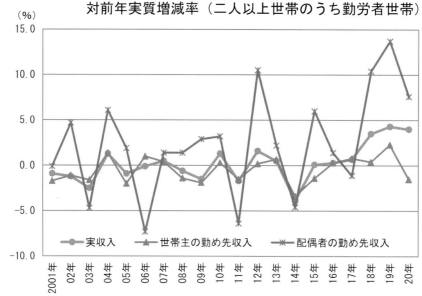

資料出所：総務省統計局「家計調査」より作成。

第2節　勤労者世帯の年収格差～コロナ前からすでに拡大傾向

新型コロナの影響により、勤労者世帯の世帯年収の格差は拡大しているのか。

図表Ⅱ－6－2は、二人以上世帯のうち勤労者世帯について、過去20年間の世帯年収のジニ係数を算出したものである。これをみると、2006年に0.253と格差が最大になり、その後、縮小傾向にあった。2017年には0.238と格差が最小になったが、コロナ発生以前の2018年からすでにゆるやかな拡大傾向に転じ、2020年には0.243となった。

さらに、世帯年収五分位別の実収入の対前年増減率と寄与度をみると、2020年の世帯主の勤め先収入の寄与度は、第Ⅳ分位のわずかなプラスを除き、ほぼすべての分位でマイナスになっている。とくにマイナスが大きいのが第Ⅱ分位、第Ⅲ分位といった中・低収入層である。

反対に、世帯主の配偶者の勤め先収入の寄与度は、すべての分位でプラスを示している。とくに、2018年以降の格差拡大の局面では、高収入層である第Ⅳ分位、第Ⅴ分位において、配偶者の勤め先収入の寄与度が大きいことがわかる。

また、第Ⅰ分位で特徴的なのは、2020年の特別収入の寄与度が大きいことである。先述した一律10万円の特別定額給付金は、この特別収入の費目に含まれている。そのため、すべての分位で特別収入の寄与度が大きなプラスになっているが、なかでも第Ⅰ分位が最も大きい。低収入層である第Ⅰ分位において特別定額給付金による下支えの効果が大きかったことがわかる（**図表Ⅱ－6－3**）。

図表Ⅱ－6－4は、世帯主の勤め先収入、世帯主の配偶者の勤め先収入のそれぞれについて、格差が拡大する直前の2017年を100としたときの水準を世帯年収五分位別にみたものである。世帯主については、第Ⅳ分位のみほぼ横ばいに推移しているが、それ以外の分位では2020年に低下している。なかでも低下幅が大きいのが第Ⅱ分位、第Ⅲ分位である。世帯主の配偶者については、いずれの分位でも上昇傾向にあるが、とくに第Ⅳ分位で伸びが大きい。

図表Ⅱ－6－2　世帯年収のジニ係数（二人以上世帯のうち勤労者世帯）

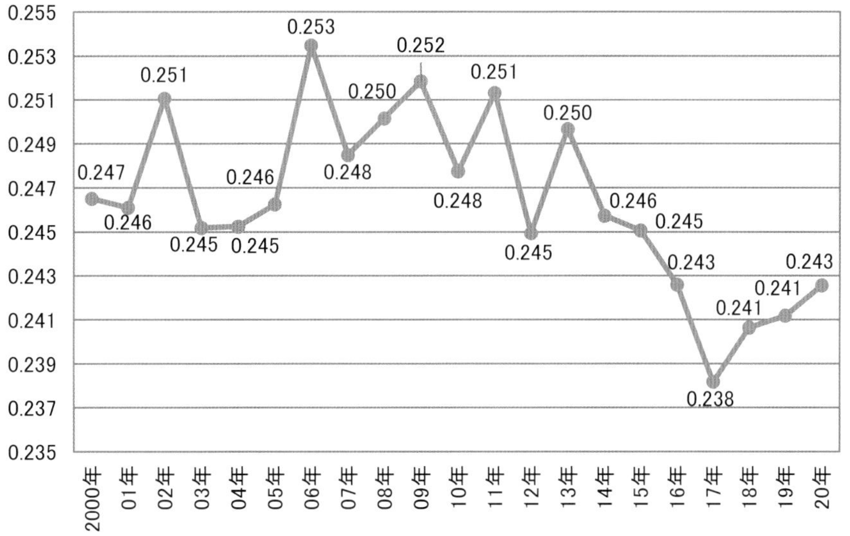

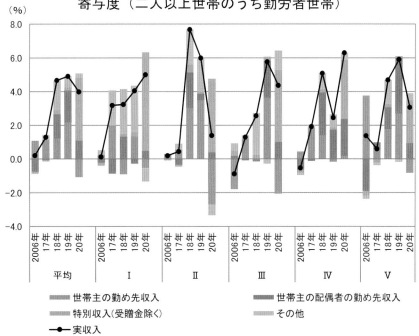

（注）ここでのジニ係数は、「家計調査」公表データの二人以上世帯のうち勤労者
　　　世帯について、世帯年収階級別の世帯数分布と年収額から算出した。ジニ
　　　係数は、0に近づくほど格差が小さく、1に近づくほど格差が大きくなる。
資料出所：総務省統計局「家計調査」より連合総研作成。

図表Ⅱ－6－3　世帯年収五分位別にみた1ヵ月間の実収入の対前年名目増減率と
　　　　　　　寄与度（二人以上世帯のうち勤労者世帯）

（注）「特別収入」の費目に特別定額給付金が含まれている。「その他」は実収入
　　　から上記3費目を除くすべての合計を示す。
資料出所：総務省統計局「家計調査」より作成。

図表Ⅱ－6－4　世帯年収五分位別にみた1ヵ月間の勤め先収入（2017年＝100）
（二人以上世帯のうち勤労者世帯）

（1）世帯主　　　　　　　　　　　　（2）世帯主の配偶者

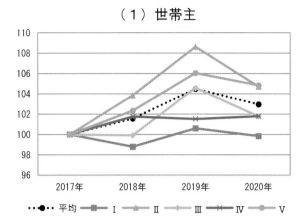

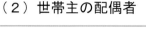

資料出所：総務省統計局「家計調査」より作成。

　すでにみたように、2018年以降の格差拡大の要因には、2020年に世帯主の勤め先収入の落ち込みが中・低収入層で比較的大きかったこと、また世帯主の配偶者の勤め先収入の伸びが高収入層で大きかったことが関係していると考えられる。

　このうち後者については、高収入層であるほど1世帯あたりの有業人員が多く、妻の有業率が高いことが背景にある。**図表Ⅱ－6－5**をみると、2020年の妻の有業率は第Ⅰ分位の32.1％に対して、第Ⅴ分位では70.0％とその差は大きい。しかも、**図表Ⅱ－6－6**に示したように、既婚女性の世帯年収分布を雇用形態別にみると、正社員の既婚女性では最頻値が600～800万円未満となるが、非正社員の既婚女性では400万円未満となる。すなわち、高収入層では妻が有業で、かつ正規雇用である比率が相対的に高くなるということがいえる。

図表Ⅱ－6－5　世帯年収五分位別にみた
　　　　　　　世帯主の配偶者のうち妻
　　　　　　　の有業率（二人以上世帯
　　　　　　　のうち勤労者世帯）

図表Ⅱ－6－6　雇用形態別にみた既婚女性の
　　　　　　　世帯年収分布（2020年）

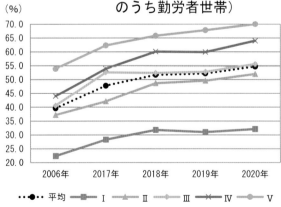

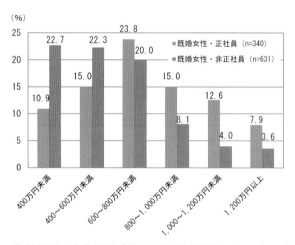

資料出所：総務省統計局「家計調査」より作成。

資料出所：連合総研「第40回勤労者短観」（2020年10月調査）
　　　　　より作成。

　このことからも、年収格差の改善策のひとつとして、低収入層での１世帯あたりの有業人員の増加が考えられる。しかし、ひとり親世帯や高齢世帯のように、有業人員を増加できない世帯もあるため、働き手の増加だけでは限界がある。もうひとつの改善策として、非正規雇用が比較的多いとされる低収入層の底上げをはかるために、非正規雇用の処遇改善が重要となる。

第３節　単身世帯の年収格差～コロナ前から縮小傾向

　同様に、単身世帯のうち勤労者世帯について、世帯年収のジニ係数を算出したものが**図表Ⅱ－６－７**である。2003年に0.295と格差が最大となり、その後、縮小したが、2014年から16年、18年は格差が拡大した。2019年以降は再び縮小傾向になり、2020年に0.264と格差が最小になっている。

図表Ⅱ－６－７　世帯年収のジニ係数（単身世帯のうち勤労者世帯）

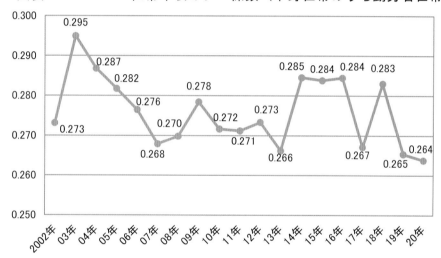

（注）ここでのジニ係数は、「家計調査」公表データの単身世帯のうち勤労者世帯について、世帯年収階級別の世帯数分布と年収額から算出した。ジニ係数は、0に近づくほど格差が小さく、1に近づくほど格差が大きくなる。

資料出所：総務省統計局「家計調査」より連合総研作成。

　まず、１ヵ月間の勤め先収入について、格差が縮小する直前の2018年を100としたときの水準を世帯年収五分位別にみると、とくに大きく伸びているのが第Ⅰ分位と第Ⅱ分位である。第Ⅰ分位では2019年111.6、2020年117.2、第Ⅱ分位では2019年112.6、2020年115.8となった。反対に、第Ⅳ分位は2020年に96.0と落ち込んだ。こうした低収入層での勤め先収入の増加が格差縮小に貢献したものと考えられる。

　図表Ⅱ－６－８は、世帯年収五分位別に実収入の対前年増減率と寄与度をみたものである。格差が縮小している2019年および2020年には、第Ⅰ分位、第Ⅱ分位で実収入の伸びが比較的大きい。これらの分位では、勤め先収入の伸びにくわえ、2019年には社会保障給付、2020年には特別定額給付金が勤め先収入を補足するかたちで下支えをしているからである。その意味では、低収入層に対する特別定額給付金の効果がみられ、格差縮小にも一定の役割を果たしたといえる。

図表Ⅱ－6－8　世帯年収五分位別にみた1ヵ月間の実収入の対前年名目増減率と
寄与度（単身世帯のうち勤労者世帯）

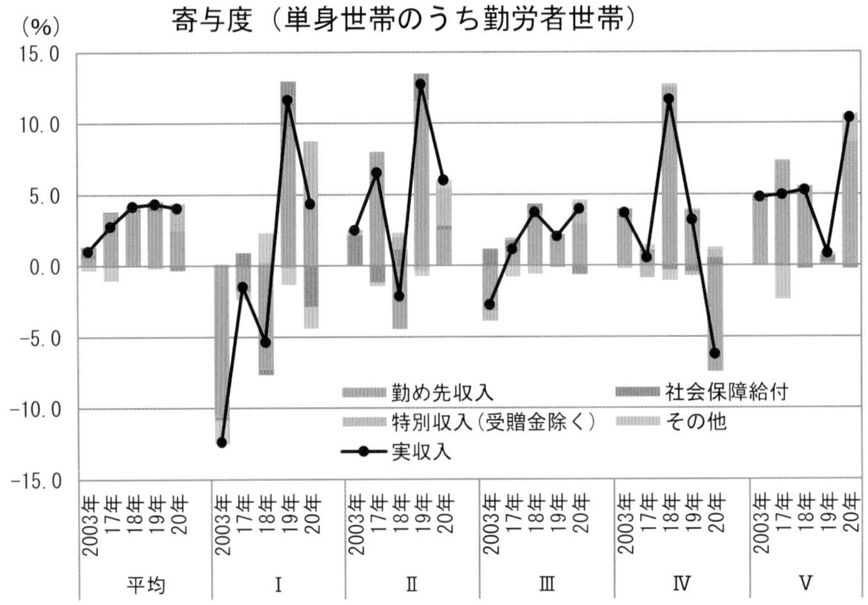

（注）「特別収入」の費目に特別定額給付金が含まれている。「その他」は実収入から
上記3費目を除くすべての合計を示す。
資料出所：総務省統計局「家計調査」より作成。

　さらに、格差の要因に関連すると考えられるのが非正規雇用率である。総務省統計局「労働力調査」により、単身世帯における非正規雇用率（役員を除く雇用者に占める非正規の職員・従業員の割合）をみたところ、この数年間、男性は25～26％台、女性は45％台、男女計で33～34％台とほぼ横ばいで推移していたが、2020年は男女ともに非正規雇用率が低下した。男性は2019年26.8％から2020年25.9％、女性は2019年45.7％から2020年43.3％に低下した。裏をかえせば、単身世帯の正規雇用率の上昇を示しており、このことが低収入層での勤め先収入の伸びにも関連していると考えられる。

　単身世帯においても女性の半数近くが非正規雇用であることを考慮すれば、格差の改善には、正規化だけでなく、同一労働同一賃金といった非正規雇用の処遇改善がますます重要な位置を占めるといえよう。

【参考文献】

　　久我尚子（2021）「世帯年収別に見たコロナ禍の家計収支の変化」ニッセイ基礎研究所
　　　　『基礎研レポート』（2021年5月27日）。
　　内閣府（2021）『日本経済2020～2021－感染症の危機から立ち上がる日本経済－』
　　　　（2021年3月31日公表）。

コロナ後を見据えた課題

ご寄稿者一覧

◆立正大学学長／東京大学名誉教授　吉川　洋氏

◆（公社）日本経済研究センター研究顧問　齋藤　潤氏

◆㈱日本総合研究所副理事長/主席研究員　山田　久氏

◆慶應義塾大学経済学部教授　太田　聰一氏

◆一橋大学経済研究所教授　神林　龍氏

◆慶應義塾大学商学部教授　山本　勲氏

◆日本女子大学人間社会学部教授・JILPT客員研究員　周　燕飛氏

◆埼玉大学大学院人文社会科学研究科教授　金井　郁氏

◆中央大学経済学部教授　鬼丸　朋子氏

◆上智大学総合人間科学部教授　丸山　桂氏

コロナ後を見据えた課題

第Ⅲ部のポイント

　第Ⅰ部では経済動向を、第Ⅱ部では労働情勢の状況を、とりわけコロナショックがこれらに与えた影響を交え、各種データをもとに考察してきた。

　第Ⅲ部では、これらの状況、考察を踏まえつつ、「コロナ後を見据えて」をテーマに、経済・社会が再生し、労働者が安心して働いていくために、有識者からいただいた課題と提言を掲載し、ここではそのポイントについて紹介する。

○吉川論文では、コロナ禍においてスポットがあたった日本のワクチン開発およびワクチン接種の遅れを事例から、政府・民間ともにアーキテクト（司令塔）機能不全を指摘している。このアーキテクトの機能不全こそが、課題の本質を見誤り、日本におけるイノベーションの実現を阻害し、ひいては日本経済の長期低迷の根本要因になっていることに警鐘を鳴らしている。

○齋藤論文では、新型コロナ感染拡大等で明らかとなった日本経済の脆弱性の要因を、構造的に分析し、その対策として①家計所得の持続的な増加に資する、正規・非正規の区分を超えた新しい雇用形態のあり方の検討、②サプライチェーンの複線化、国際競争力の維持・強化に向けたデジタル化とスキルアップのための教育訓練機会の保障、③リモートワークによる人口の分散化に向けた生産と人口の分離——を提起していただいた。

○山田論文では、コロナショックで露呈した不安定労働者に対するセーフティーネットの未整備という問題に着目し、就業支援プログラムへの参加を前提とした雇用保険非対象者に対する生活支援給付の制度化を提言している。また、デジタル化が一気に加速した負の面をとらえ、これまでの企業内における異動やＯＪＴによる人材開発等の限界をも指摘。企業グループの枠を超えた適材適所・能力開発の仕組みの再構築の重要性とともに、従来の枠組みを超えた集団的労使関係の必要性についても提起いただいた。

○コロナ禍の失業率は、リーマンショック後と比較し低く抑えられているが、その状況について太田論文では、「労働力調査」のフローデータ（就業状態、失業状態、非労働力状態のそれぞれの行き来）を用い要因分解を試みた。その結果から、リーマンショック時期と比較して、コロナショック時期には就業から失業への移動率が小さかったことや失業と非労働力の間の行き来に伴う失業率上昇への影響が小さかったことが、重要な特徴になっていることが判明した。この事実を踏まえ、雇用減少への対応強化や非労働化した人たちの労働市場への復帰サポートなどについて提言している。

○また、神林論文ではコロナ禍における賃金低下がリーマンショックのそれと比して同程度に抑えられていることに着目し、2019年と2020年における『賃金構造基本統計調査』のデータをブラインダー・オアハカ分解によって、賃金構造変化の分析を試みた。その結果、コロナ禍においても時間あたり所定内賃金が上昇していること、賃金を押し上げている、または押し下げている各要素に、一般労働者とパート労働者に明らかな違いがみられることなどが判明。今後の賃金構造の変化について、引き続き注視する必要性を訴えている。

○山本論文では、コロナ禍において急速に普及したテレワーク（在宅勤務）が、短期的なものであった可能性があると指摘する。その要因として、日本ではICTが利活用しやすい「抽象タスク」が少ないことに加えて、正社員が多様な職務内容を受け持ち、かつそれがICTへの置き換えが進まなかったことや、非正規労働者が定型的・肉体的タスクに多く従事している労働市場構造によるものとし、AI、IoTの普及を進め、事業特性を変えていくことを提起している。また、テレワークができる労働者と環境的にできない労働者の格差についても問題提起していただいた。

○コロナ禍においては、いわゆる"シーセッション"と呼ばれる現象が報告され、男女間雇用格差の課題が再び注目されている。周論文では、コロナ禍での女性の厳しい雇用状況の要因を、正規・非正規労働者などの雇用形態や家庭における役割などにみられる男女間の構造的な課題として指摘。また、2020年11月中旬に実施された「NHK・JILPT共同調査」結果をもとに課題を考察し、女性の長期的キャリアの観点から、雇用調整助成金や休業支援金といった雇用維持の支援から「ジョブ・クリエーション支援」に重心を移した施策を提言していただいた。

○同様な観点から金井論文では、ジェンダー化された生命保険営業職における中高年女性を主体に構成された伝統的生保と高学歴男性等を主体に構成された後発型生保のマネジメントの違いに着目し、特化した分析を試みている。平時の企業のジェンダー化されたマネジメントが、コロナ禍の男女の労働者の営業成績や歩合給収入に異なる影響を与えていることを鋭く指摘するとともに、まずはマネジメントのジェンダー化に労使が自覚的になることが重要と訴える。

○鬼丸論文では、コロナ禍で促進されたテレワークについて、働く場所の選択肢の拡大を社員が体験し、認識を改めたことについては評価しつつも、残業時間の増加や社内外コミュニケーションの難しさ、テレワークができないエッセンシャルワーカーの不公平感など、定着に向けた職場課題を指摘する。課題解消に向けては、労使双方がテレワーク対象者・非対象者双方の声を掬い上げ、よりよい人事・処遇制度の設計・運用につなげていくことを訴えている。

○新型コロナウイルス感染拡大は雇用だけでなく、社会保障の課題も浮き彫りにした。丸山論文では、日本の社会保険が職業や所定労働時間によって加入種類、保障対象に違いや制約があり、そのことがコロナによる負の影響が女性や子どもなどの特定層に集中した要因と分析している。また、コロナ禍の長期化による新卒一括採用における就職率、婚姻数や出生数の減少が、今後の社会保障や特定の年代に及ぼす保障の格差等への影響についても指摘し、社会保障の適用拡大の必要性について提起していただいた。

　各寄稿で指摘・提案された内容に留意しながら、今後の動向を注視していきたい。

第 Ⅲ 部

コロナ禍で明らかになった日本経済の課題

吉川　洋氏　立正大学学長／東京大学名誉教授

　21世紀に入ってからここ十数年、日本では人口が減少するからダメだ、日本経済の将来は暗い、という見方が定着した。日本の人口減少がそれ自体として大きな問題であることには、異論はない。どのようにして少子化に歯止めをかけるのか、これは最大の政策課題といってもよい。

　しかし、日本経済の将来との関係で人口減少を必要以上に強調するのは誤りである。スタンダードな新古典成長理論を学んだ人には、人口増加率の低下は「１人当たりの所得」水準を上昇させる要因であることを思い出してもらいたい。１人当たりの所得を持続的に上昇させるのは、全要素生産性（ＴＦＰ）の上昇、あるいはイノベーションである。

　本年７月21日に公表された内閣府による「中長期の経済財政に関する試算」では、「成長実現ケース」で、2030年度までのＴＦＰの伸び率を年率1.3％と想定している。現状では0.4％だが、内閣府は、1982年から87年にかけてＴＦＰの伸び率が５年間で0.9％上がったことを根拠に、1.3％の伸びは可能であるとした。1980年代後半はプラザ合意後の円高不況からバブル経済に移行した時期だから、この時期の経験がどれほどの「根拠」になるのかは疑わしい。

　とはいえ、日本経済の将来がＴＦＰの動向にかかっていることは事実である。内閣府の試算では、「成長実現ケース」では30年度までの平均経済成長率（実質）２％のうち1.3％がＴＦＰによるものだし、より慎重な「ベースラインケース」でも平均成長率１％のうち0.7％がＴＦＰの貢献である。つまり、今後の日本経済の成長のおよそ７割はＴＦＰの上昇によってもたらされる。ＴＦＰの上昇は、狭義の「技術進歩」ではない。広く「ソフト」も含めた「イノベーション」の結果として生まれるものだ。先にも述べたとおり、それが「１人当たり」のＧＤＰ、所得の上昇をもたらす。

　アベノミクスが喧伝され、第二次安倍晋三内閣がスタートした2013年からコロナ禍の始まる前年19年まで７年間の平均経済成長率は、米国2.4％、ＥＵ2.1％であったのに対して、日本は0.8％と１％に届かなかった。個人消費の成長率にいたっては、米国2.7％、ＥＵ1.9％に対し、日本はなんと▲0.1％である。

　ＧＤＰの６割を占める消費が不振な理由としては、そもそも所得が伸びないこと、そして社会保障や雇用など不安定な将来への不安が大きいことが挙げられる。このことは昨年に続き本年の「報告」でも記述されている。所得が伸びない理由には、労働分配率の低下もあるが、根本はイノベーションの欠如である。

　日本の労働生産性を国際比較した多くの研究は、日本ではとりわけ非製造業、サービス業の生産性が米国、ドイツなどに比べて著しく低いことを明らかにしている。水準が低ければ、本来キャッチアップの余地があるはずなのだが、ギャップは容易に縮まらず生産性は低いままだ。日本ではイ

ノベーションがなぜ起きにくいのか。日本企業の「起業家精神」「アニマル・スピリッツ」の欠如も指摘されるが、ここでは違った角度から考えることにしたい。

ほかならぬここ１年余りのコロナ禍での経験を手掛かりとしよう。昨年初め新型コロナウイルス感染症（Covid-19）が拡大する中、各国はワクチン開発を急いだ。わが国も目標を掲げて昨年５月の第２次補正予算ではワクチン開発のために2,055億円が計上された。これは４月の第１次補正予算の全世帯へのマスクの配布2,095億円より少なかったが、いずれにせよ結果はよく知られているとおりだ。イギリス、米国のほか中国、ロシアが成功したのに対して、日本では21年９月時点でも未だ成功していない。

輸入に頼ることになったワクチンの接種についても、わが国は他の先進国に比べ大幅に遅れることになった。本来こうしたときに威力を発揮することが期待されたマイナンバーだが、今回ワクチン接種で使われている番号は年金で用いられている住民基本台帳いわゆる住基ネットの番号である。接種会場での受付では、オンラインではなく紙媒体の確認・記録が行われることになった。

こうした経験はイノベーションと密接な関係をもっている。なぜならイノベーションは、明確な目標を定め、目標達成に必要な「部分」（parts）を明らかにし、その上でそうした「部分」を実現すべく短時間の内に資源を投入することによって生まれるものだからである。それは１つの企業内で新しい製品を生み出す場合、あるいは工程を合理化する場合、さらに国家プロジェクトと呼ばれるような一国ベースのイノベーションまですべてに共通することである。

このようにイノベーションを実現するためには、明確な目標に向けて「部分」を統合する「司令塔」としての役割、すなわちアーキテクトの存在が不可欠である。医学部や工学部における研究は必ずしもイノベーションとはよばれないが、両者に多くの類似点があることは改めて指摘するまでもないであろう。こうした理系の研究は、「研究室」を単位として行われるが、そこでのアーキテクトは教授である。教授に期待される役割はアーキテクトとしての役割である。

2020年のワクチン開発については、目標は自明であった。目標であるワクチン開発に向けて製薬会社、大学、関係する研究所、キーとなる研究者の協力体制の構築が不可欠となるが、結果から見るかぎりわが国はこれが出来なかった。ワクチン開発は「国家プロジェクト」とよぶにふさわしい大プロジェクトであるから、アーキテクトは国ないしそれに準ずる主体であるはずだが、そこが機能しなかったのである。

ワクチン接種の遅れについては、つとに指摘されてきたようにデジタル化の遅れの影響が大きい。ＤＸが叫ばれる中、眼前で問題が顕著化することになった。医療提供体制の構築についても、国・地方自治団体の動きがあまりに遅い。アーキテクト機能が働いていないのである。

コロナ禍の経験はマクロであるが、政府のアーキテクトとしての機能不全を明らかにするものだった。わが国では大型貨物船の入港できる「スーパー港湾」が国際的に劣後し、今や釜山がハブ港となっていることは広く知られている。これも政府のアーキテクト機能不全の直接的帰結である。

ひるがえって民間企業におけるイノベーションがふるわない理由はどこにあるのか。ここではアーキテクト機能の不全を１つの可能性として指摘することにしたい。多くの企業では、「研究開発費」が収益の××％などと固定されている。したがって本来短期的な景気変動からは独立であるべき研究開発費が景気の波に強く影響されている。こうしたことは、企業内でのイノベーションに向けたアーキテクト機能が十分に働いていないことを示しているのではないだろうか。

コロナを契機に日本経済の構造的な脆弱性の克服を

齋藤　潤氏　　（公社）日本経済研究センター研究顧問

1．露呈された日本経済の構造的な脆弱性

　近年、日本経済は、「100年に一度」と言われるようなテール・リスクに頻繁に見舞われています。最近だけでも、2008年のリーマン・ショック、2011年の東日本大震災、そして2020年から続く新型コロナウイルス感染症によるパンデミック（以下、コロナ）がありました。それぞれは多面的な影響を日本社会に与えましたが、マクロ経済面に絞ってみても、その影響は甚大でした。ではどうしてそのような大きな影響を及ぼすことになってしまったのか。その背景には、日本経済に内包されている構造的な脆弱性の存在があるように思われます。

　その第1に挙げられるのは、民間消費を中心とする民間需要の弱さです。

　それが典型的に表れたのがリーマン・ショック時です。日本はそれ以前から交易条件の悪化によって景気後退局面を辿っていましたが、リーマン・ショックは景気の悪化を急速かつ深刻なものにしました。リーマン・ショックの震源地はアメリカでしたが、実質ＧＤＰの下落率で見ると日本の下落率はアメリカのそれを上回りました。
　その直接的な理由としては、自動車を中心とした輸出が大幅に下落した一方、その負の影響を相殺するだけの民間消費などの民間需要の伸びが見られなかったことが挙げられます。しかし、その民間消費の弱さの背景には、雇用が非正規中心になるとともに、正規雇用の報酬体系の見直しも行われているため、家計所得が伸びないという構造的な要因が存在しています。
　英国のブレキシット、米中の貿易摩擦や、今回のコロナのように、世界経済は不安定要因を数多く抱えています。そうした中では、外需だけに頼る経済成長を続ける限り、日本の景気も安定性を欠くことになります。どのようにすれば民間需要を強められるかが課題となっています。

　第2に挙げられるのは、サプライチェーンの弱さです。

　この点を明らかにしたのは東日本大震災です。被災地にあったマイコン工場からの供給が途絶してしまったため、自動車メーカーの生産が停止するという事態に陥りました。コロナ下においても、東南アジアの工場の操業が停止し、部品供給が滞ってしまったために、自動車産業が減産を強いられることになりました。

　工業製品が高度化する中で、部品供給を自社以外の多くの取引先に依存するようになってきています。しかも、こうしたサプライチェーンは、国内に限らず、世界に張り巡らされるようにもなっています。サービスの分野でも、デジタル化の下でアウトソーシングが進展し、海外に依存する割合が高まっています。

　サプライチェーンの寸断による最終製品の生産縮小は、現在のサプライチェーンが、特定の供給先に大きく依存しており、万が一の時には代替が効かないことを表しています。今後とも、自然災害や貿易摩擦、地政学的リスクの顕在化が懸念されます。また、最近、児童労働や強制労働などに関わる人権デューデリジェンスも求められるようになってきていますが、階層化され全体を把握しにくくなっている中、サプライチェーンのどこかにそうした問題が潜んでいるかもしれません。サプライチェーンが現状のままであれば、リスクが顕在化する都度、大きな混乱に陥ることは必至です。どのようにリスクに対する耐性の強いサプライチェーンを構築するかが課題となっています。

　日本経済の構造的な脆弱性の第3は、東京への一極集中です。

　東京への政治的・経済的な機能の集中・集積は、これまでにも住宅の確保難や通勤に伴う苦痛などの問題を生じさせてきましたが、さらにコロナは、東京における勤務が対面を基本とする「3密」を伴ったものであることから、大幅な感染拡大をもたらすことになりました。

　東京への集中・集積には、経済的なメリットがあります。実際、東京都の労働生産性は他の道府県に比べると突出して高いものとなっています。しかし、今後予想される首都直下型地震などのリスクが顕在化した場合、東京への集中・集積によって日本全体の機能が麻痺する可能性が非常に高いと言えます。リスクが顕在化したとしても、日本の政治的・経済的機能を維持するためにはどのようにすれば良いのかを考えることが必要となっています。

２．脆弱性克服のための取組み

　以上のような日本経済の構造的な脆弱性を克服するためには、どのような取組みが求められているのでしょうか。

　第1に、家計消費の弱さを克服するためには、家計所得が持続的に増加するようにしていくことが重要です。

　家計所得の増加のためには、低賃金の非正規雇用だけが増加するのでは十分ではありません。また、相対的に高賃金の正規雇用が増加することで非正規雇用が抑制されてもいけません。正規、非正規の区分を超えた新しい雇用形態が求められています。現在見られているジョブ型雇用拡大の動きも踏まえながら、雇用形態を大きく変えていく必要があります。

　第2に、サプライチェーンの脆弱性を克服するためには、サプライチェーンの複線化を図るとともに、階層化された取引先におけるリスクの所在を把握し、必要な見直しを進めることが必要です。

　サプライチェーンの再構築にはコストが伴います。国際競争力を維持・強化しながらこれに対処するためには、ロボット化やＡＩ化などデジタル化が一層促進されることになると考えられます。これは一方では既存の代替的な職種の置き換えを進めますが、他方では新たな補完的な職種の創

造・拡大をもたらします。そのため職種の変化はもっと頻繁になり、他企業への移動も増えるなど、働き方が変わることは必至です。問題は、同じ働き手がその間を円滑に移動できるために必要なスキルを持つことができるかです。他企業への移動を前提にするような教育訓練を企業に求めることには限界があります。そうしたスキルアップのための教育訓練の機会が、社会的に保障されることが必要になります。

　第3に、東京への一極集中を克服するためには、首都機能の分散や、雇用や事業の東京から地方への移転が必要になってきます。

　集中・集積のメリットを活かしながら、人口の分散化を進めるためには、リモートワークを活用することによって生産と人口の分離を図ることが考えられます。それは、雇用者の住宅難や通勤苦を解消するだけでなく、労働生産性を上昇させる可能性もあります。他方で、企業には、リモートワークの下での新しい労務管理のあり方を確立することが求められることになります。

３．鍵を握る働き方改革

　以上のような取組を進めるためには、政治面、企業経営面において多大な労力や費用が必要となります。そのため、こうした取組みはとかく回避されがちです。しかし、長期的には必ずリスクは顕在化し、その時の経済的影響は甚大なものになります。いかに長期的な視点を持ってこうした取組みを実行に移すことができるかが問われています。

　また、そうした取組みを進めることになった場合に鍵を握っているのが、これまでの働き方の改革ができるかどうかという点です。もちろんそれだけで日本経済の構造的な脆弱性を克服することができるわけではありません。しかし、働き方の改革をしなければ、そうした脆弱性の克服は不可能です。そうしたことを意識しながら働き方の改革を進めることができれば、日本経済の新たな将来を切り拓くことにつながっていくものと思います。

第 Ⅲ 部

ポスト・コロナ時代に向けた課題について

山田　久氏　㈱日本総合研究所　副理事長／主席研究員

1．コロナショックで露呈した雇用安全網の未整備

　コロナ・パンデミック発生直後に広がった絶望的な悲観論からすれば、その後経済は意外ともいえる堅調さを示し、マクロ的には雇用情勢も大幅な悪化を免れている。その重要な要因に、オンラインでの幅広い経済活動を可能にしたデジタル技術の発展と、高い効率性を示した新ワクチンの早期開発という、科学技術の進歩の恩恵を指摘できる。だがその反面、マクロ的な数値や現象では見えにくいところで、問題が発生していることを見落とすべきではない。

　まず、社会的弱者に感染症流行の打撃が集中的に表れている。感染症抑止には人と人との接触機会を減らすことが要請されるため、飲食・宿泊業や娯楽産業、そして公共交通業に経済的な打撃が集中した。この分野では、シフト制で働くパート・アルバイトや業務委託のフリーランスなど、不安定労働者が多く従事している。シングルマザー世帯や単身のフリーターは言うに及ばず、学生アルバイトや主婦パートでも、世帯主である親や夫の収入の伸び悩み・減少で、生活に困る人々が多く生まれた。政府は雇用調整助成金の特例措置や休業支援金・給付金の創設、緊急小口資金等の特例貸付など、様々な対応を行ってきたものの、付け焼刃かつ後手に回ってきた印象を拭えない。リーマンショック後に整備されたはずの不安定労働者に対するセーフティーネットが、不十分であったことが改めて露呈された形である。

　この不安定労働者に対するセーフティーネットの未整備という問題は、欧州諸国の状況と比較すると鮮明になる。欧州では失業保険制度から漏れた人々の生活保障を行う仕組みとして、直ちに生活保護制度に入るのではなく、第2のセーフティーネットが整備されている。例えばドイツでは、かつて失業扶助と呼ばれ、現在は失業給付Ⅱとして整理・再編された仕組みがあり、長期失業者や不安定労働者が広く救済される。また、スウェーデンでは求職活動や職業訓練、就業体験などの様々な就業支援プログラム（アクティベーション・プログラム）とセット支給される「活動手当」によって、失業保険対象外の失業者を支援している。

　わが国でも、リーマンショック後に求職者支援制度が創設され、コロナ危機下にその拡充も行われたが、職業訓練への参加を条件にしており、救済対象となる失業者は限られる。スウェーデン等に倣い、多様な就業支援プログラムを用意したうえで、それへの参加を前提にした雇用保険非対象者に対する生活支援給付を制度化するべきではないか。

２．適材適所・能力開発の仕組みの再構築

　もう一つ見逃してはならないのは、経済社会活動のデジタル化・バーチャル化が一気に進んだことに伴う負の側面である。コロナ禍は結果的に在宅勤務を一気に進めることとなり、それは働き方の選択肢を増やすという意味ではプラスに評価できる。育児・介護や家事との両立がしやすくなり、自己啓発や生活を豊かにする時間を増やせる。だがその一方で、対面でのコミュニケーションの機会が減り、「体験」が浅くなり、信頼感が薄れる恐れがある。とりわけ、新入社員・若手社員にとって、総合的な仕事遂行能力を体得することが難しくなる。在宅勤務には仕事を効率的に進めることができるというプラスに目が向きやすい一方、こうしたマイナス面は短期的には見えづらく、数年後に企業や職場の活力や地力の低下として現れてくることが心配される。ポスト・コロナ時代に向けて、テレワークと対面勤務のベストミックスを模索することが重要といえよう。

　そのほか、経済社会活動のデジタル化が及ぼすマイナス影響として、フードデリバリーに象徴されるギグエコノミーの拡大によって、雇用の空洞化（雇用契約に基づく仕事の業務請負による代替）が生じるリスクが指摘される。デジタル化がもたらす事業・産業構造の変化が、既存の業務や職業を消滅させるという負の側面を見逃せないのは言うまでもない。

　以上のように、経済活動のデジタル化にはマイナス面があるが、だからと言ってそれは止めるべきものではない。技術革新が起こす変化に対しては拒否反応を起こすのではなく、戦略的に対応していく姿勢が重要である。新技術を前向きに受け入れれば、新たな事業を創造したり、業務プロセスを効率化することが可能になる。その際に重要なのは、働く人々が新たな仕事にチャレンジできる環境を整え、新たな業務プロセスに習熟する機会を創り出すことである。もっとも、実はそれはいつの時代にも求められてきたことである。ただし現下の問題は、そのやり方がかつては企業内における異動やＯＪＴによって対応できたものが、今や限界が来ている点だ。

　これまでのわが国の人材育成の仕組みは、未熟練の若手を新卒一括採用し、ジョブ・ローテーションとＯＪＴを通じて適材適所・能力開発を行うというものであった。しかし、平成バブルの崩壊以降そうした機会に恵まれない非正規労働者が増え、中小企業を中心に人材育成の余裕がなくなった。さらに業務の高度化・専門化が進み、求められる高度なプロ人材を十分育成することができないという弊害が目立っている。そうしたなか、一企業の枠を超え、ＯＪＴに過度に依存しない、「適材適所」「能力開発」の新たな仕組みを構築していくことが求められている。それは端的には、転職・再就職を円滑化するジョブマッチングの仕組み整備、および、リカレント・リスキリングの機能強化ということであり、政府もその対応を進めている。しかし、「言うは易し行うは難し」であり、いかにすれば実効性のあるものができるのかが問題である。

　リカレント・リスキリングの仕組みとしては、海外の事情から判断すれば企業の積極的参画による実習や職業体験が行われることが極めて重要である。それは、欧米で普及する「アプレンティスシップ（徒弟制度）」や「インターンシップ」の延長線上にあるもので、教育内容が企業のニーズにマッチしたものが提供されていることがポイントである。この点で、わが国でも産学官の密な連携が求められる。転職・再就職を円滑化するジョブマッチングの仕組みとしては、労働協約に基づいて失業前の求職者に寄り添った再就職支援を行う、スウェーデンの「ジョブセキュリティーカウンシル」の仕組みに学ぶべき点がある。日本流の失業なき労働移動を実現する仕組みとして、コロナ危機下で広がった企業グループの枠を超えた在籍出向を戦略的に活用することも重要である。

３．新たな集団的労使関係の構築

　最後に、ポスト・コロナ時代を見据えて取り組むべき課題として、集団的労使関係の再構築を指摘しておきたい。1980年代から90年代には、経営者や株主のパワーが強く発揮できる米英型の経済・雇用システムが礼賛されたが、近年、格差拡大という負の側面が問題視され、北部欧州型の「生産は協力関係、分配は緊張関係」の対等的労使関係を基本にしたシステムの評価が高まっている。とりわけデジタル技術の有効活用には、職場の実情と働き手の納得を踏まえた導入が必要であり、それが職場全体の生産性を高めることにつながる。ギグエコノミーの請負労働の在り方も含め、過去数十年間軽視されてきた集団的労使関係の在り方を、従来の枠組みを超えて新たに構築することが求められているといえよう。

第 Ⅲ 部

失業から見るコロナ期の労働市場

太田　聰一氏　慶應義塾大学経済学部教授

1．失業率の動向

　コロナが日本で猛威を振るい始めて１年半余を超えた。現在のところ、労働市場は深刻化を免れているように見える。そこで、あらためて労働市場のもっとも重要な指標である失業率の動向を振り返ることにしたい。失業率はマクロ経済全体のパフォーマンスに影響を与えるのみならず、人々の雇用不安、ひいては幸福度に強い影響をもたらすことが知られている。よって、コロナ禍における失業の分析は重要性が高いと考えられる。

　「労働力調査」（総務省）によると、直近７月の完全失業率（季節調整値）は2.8%であった。コロナの影響を受ける直前の完全失業率が2.4%前後であったことから比べると上昇しているが、大きな上昇とは言い難い。また、この水準は2020年の年平均の完全失業率の水準とほぼ一致しており、コロナの影響が失業の面で強まったとも言えない。この数ヵ月の推移を見ると、５月が3.0%、６月が2.9%であったので、やや改善しているようである。求人が増えると失業者が再就職先を見つけやすくなるが、求職者一人当たりの求人件数を表す有効求人倍率（厚生労働省「職業安定業務統計」による）は、７月の時点で1.15となっており、５月の1.03、６月の1.13から改善傾向にある（季節調整値、パートを含む一般労働者）。ただし、感染の再拡大が顕著になった８月以降の動向については、まだ予断を許さない。以下では、「労働力調査」のフローデータを用いることで、コロナ前の2019年からコロナの影響が深刻化した2020年にかけての失業率上昇の要因分解を行ってみたい。

2．要因分解とは

　フローデータを使った要因分解について、簡単な説明をしておく。そもそも失業率とはある時点で測定されるストックとしての性質を持つ。それは、あかたも特定の時点でのバスタブの水位になぞらえることができる。バスタブの水位は、バスタブへの蛇口からの水の流入あるいは排水口を通じた流出が生じて初めて変化する。こうした流入あるいは流出がフローと呼ばれるものであり、失業率も同様に失業プールへの流入あるいは流出というフローがあって初めて変化する数値である。

　さて、就業状態を「就業」、「失業」、「非労働力」の３つに区分しよう。この３つの状態間には移動のフローが生じる。簡単化のために、就業状態をE、失業状態をU、非労働力状態をNという記号で表記する。そのうえで、例えば前期に就業状態（E）であった人で今期に失業状態（U）に移動した人の数を「ＥＵ移動者数」、その割合を「ＥＵ確率」と表現する。人々は先ほどの３つの状

態間を移動するので、ＥＥ、ＥＵ、ＥＮ、ＵＥ、ＵＵ、ＵＮ、ＮＥ、ＮＵ、ＮＮの９つの移動者数と移動確率が存在する。なお、ＥＥ、ＵＵ、ＮＮは前期の就業状態にとどまる確率である。

この場合、前期から今期にかけての失業者数の増加は、次のように表すことができる。

失業者数の増加数＝失業プールへの流入人数−失業プールからの流出人数

＝（ＥＵ移動者数＋ＮＵ移動者数）−（ＵＥ移動者数＋ＵＮ移動者数）

失業率、すなわち労働力人口（就業者数と失業者数の合計）に占める失業者数の割合も、ＥＵ確率、ＮＵ確率、ＵＥ確率、ＵＮ確率による影響を強く受ける。

それぞれの影響について触れておく。ＥＵ確率の上昇は、就業から失業への移動割合が高くなることを意味するので、失業率の上昇要因となる。不況期には解雇が増えることで失業への流入が増える傾向があるが、それはＥＵ確率を高める。ＮＵ確率は、非労働力から失業への移動率を示すが、これも不況期には高くなる傾向がある。例としては、不況で収入が減った家計で、これまで働いてこなかった人が働き始めることが挙げられる。一方で、失業から就業あるいは非労働力に離脱しやすくなると、失業率は低下する。つまり、ＵＥ確率およびＵＮ確率の上昇は失業率を低下させる。不況期には求人が減ることで、失業者にとって仕事が見つけにくくなることから、ＵＥ確率は低下して失業率が高くなる傾向がある。また、失業から非労働力へ移動割合を表すＵＮ確率も不況期にはしばしば低くなる。

３．分析の結果から

2019年および2020年の月次フローの年平均値を用いて、各年の４つのフロー確率を計算し、その時点間の変化を見ることで、それぞれのインパクトの大きさを推測することができる。まず、ＥＵ確率は0.31％から0.33％に上昇した。コロナの影響による倒産や解雇・雇止めが生じたことで、就業から失業への移動率が上昇した。一方、求人の減少によって仕事が見つけにくくなったため、失業から就業への移動率（ＵＥ確率）は13.6％から11.9％に低下した。すなわち、就業と失業とのフローでは、失業率を引き上げる方向の変化が生じていたことになる。失業と非労働力の間のフローはどうであろうか。まず、非労働力から失業への移動率（ＮＵ確率）では0.59％から0.60％への上昇が生じた。これは非常に小さな上昇であり、失業率を高くする効果は小さかった。失業から非労働力への移動率（ＵＮ確率）は13.6％から13.1％に低下したが、これも失業率の上昇要因となった。

それぞれの失業率[1]へのインパクトとしては、最も大きいのがＵＥ確率の低下であり、それが2019年から2020年にかけての失業率上昇の半分近くを説明する。残りの半分のなかの半分、つまり全体の４分に１程度をＥＵ確率の低下が、もう一方の半分をＮＵ確率の上昇とＵＮ確率の低下が説明する。同様の計算を2008年から2009年にかけてのリーマンショックによる失業率上昇に適用したところ、当時は４つのフローの影響が全て2019年から2020年にかけての寄与を上回っており、そのために当時の失業率の上昇幅は1.0％の大きさとなった。とりわけ、リーマンショックの時期と比較して、コロナショックの時期には（１）就業から失業への移動率が小さかったこと、（２）失業と非

---

[1] 正確に言えば、定常失業率への影響から判断した。

労働力の間の行き来に伴う失業率上昇への影響が小さかったこと、の2つが重要な特徴になっている。

4．今後注意すべきこと

　上記（1）については、雇用調整助成金による雇用維持機能が有効に作用した側面が大きいであろう。もうひとつは、コロナの影響が飲食業や宿泊業といった一部の業種に集中したことも影響していると思われる。（2）については、今回のショックが正規雇用よりもむしろパートタイマーを中心とする非正規雇用を大きく減少させたことと関係していよう。仕事を失った人々のうち、失業を継続するよりも非労働力に移行してしまうケースが多ければ、失業率の上昇は抑制される。ここから次のような政策的含意を導くことができると思われる。

　第1に、コロナショックが長期化することで、リーマンショック時のような正規雇用も含めた形の大きな雇用減少が生じないように、コロナ対策を進める必要がある。企業の長期的な業況見通しが悪化すれば、解雇の増加や採用の減少などが生じて失業率が上昇してしまうためである。第2に、仕事を失って非労働力化した非正規雇用の人々が、労働市場に復帰しやすいようなサポートに力を入れることも必要であろう。第3に、現在失業している人々への支援に注力し、長期失業の抑制を目指すことも重要である。これまでの研究でも、いったん長期失業が生じると、解消しにくいことが指摘されている。ハローワークのさらなる機能強化を考えてもよいのではないだろうか。第4に、雇用調整助成金の対象となっている休業者への目配りも求められる。休業者は失業に陥るリスクが高いタイプなので、そうした人々が必ずしも同じ職場でなくとも、スムーズに仕事に戻る環境を整えるべきだと思われる。

第　Ⅲ　部

賃金の動向[†]

神林　龍氏　　一橋大学経済研究所教授

　2020年初以来の新型コロナウイルス感染症の流行（以下、今次パンデミックと略す）は、一年半が経過した2021年8月現在においても収束の兆しは見えていない。首都圏をはじめ広い地域が依然として緊急事態宣言下におかれたまま、経済的にも未曾有の危機が続いているとされている。しかしながら、統計的には、労働市場で行われた調整の大きさは、2009年のリーマン・ショックに比する程度に収まっており、その様態も、失業が大きく増えることなく、労働時間による就業調整が中心に行われるという従来の不況時に似通っている[1]。影響を受けた産業が異なり、休業や就業意欲喪失者が急増したという特徴こそあれ、当初期待されたような、今次パンデミックを通した労働市場の革命的変化は、いまのところ観察できない。これらの動向の背後には、雇用調整助成金をはじめとする政府部門からの巨大な移転があったことも間違いないが、日本の労働市場の内実が、そう大きくは変わっていないことを示唆する。

　とりわけ、厚生労働省『毎月勤労統計調査』（以下、毎勤と略す）など賃金に関する諸統計は、所定内賃金／労働時間が安定的に推移する一方、超過労働時間／賞与が大きく減少するという現象を報告しており、名目賃金の下方硬直性とは無縁の我国の労働市場における調整が健在であることを示している。これらの知見を所与として、本稿では、厚生労働省『賃金構造基本統計調査』（以下、賃構と略す）の2019年および2020年調査の個票を分析することによって、集計値では明らかになりにくい、今次パンデミック下の賃金構造の変化を整理したい。

　よく知られたように、賃構は我国を代表する賃金統計で、その名にあらわされた通り、被用者／使用者間の相対的な賃金の大小関係（構造）を分析するのに適したデータである[2]。本稿との関係で注意が必要なのは、2019年調査時、2020年調査時とたて続けに調査票の改訂がなされ、2020年調査時にはサンプリング構造にも手が入れられた点である。数年前から熟慮が重ねられた変更で、今次パンデミックとはまったく関係がなかったのだが、結果として改訂前後がちょうど今次パンデミック前後と重なってしまった。したがって、賃構上の2019年6月から2020年6月にかけての変化が、今次パンデミックゆえの変化なのか調査設計の変化ゆえの変化なのかを判断するには、時間をかけた検討が必要である。本稿では、詳細に立ち入る余裕はないため、留保をつけて分析結果を解釈する。

[†] 本稿で用いられた厚生労働省『賃金構造基本統計調査』は、一橋大学経済研究所共同利用共同研究拠点事業公募プロジェクト「外国人労働者にかんする「証拠に基づく政策立案」のための実証研究」（研究代表者：佐伯康考）の一環として利用を許可され、本稿は外国人労働者に関する分析の背景をまとめるために作成された。

[1] この間の労働市場の変化については、2020年版『厚生労働白書』第2章が便利である。

[2] 賃構の概要と賃金統計のなかでの位置づけについては、川口（2013）の優れた解説がいまだに参考になる。

　まず、分析対象とする賃金は、所定内給与を所定内時間で除した時間あたり所定内賃金とする。賞与については、賃構では前年の実績値を調査しているため、2020年調査においては2019年に支給された賞与を格納しており、今次パンデミックの分析には時期的に適合しない。また超過労働については、労働時間調整のバッファとしての性格が強いことから、やはり今次パンデミックが賃金構造に与えた影響を考える場合には、優先順位が下がる。

　分析には賃金関数を用いる[3]。標本を一般労働者と短時間労働者にわけ、分析対象は18歳から65歳に限定する。そして2019年調査と2020年調査、両年について別々に対数化した時間あたり所定内賃金を個人属性（変数については表中を参照のこと）に回帰することで賃金関数を推定する。ただし、短時間労働者については、2019年調査にあわせ最終学歴を考慮しない[4]。両年の推定を比較し、被説明変数、すなわち時間あたり所定内賃金の平均値の差のうち、どの程度が推定係数の違い（つまり賃金構造の違い）で説明できるかという、いわゆるブラインダー・オアハカ分解を当てはめた[5]。その結果を要約したのが、次の表である。

---

[3]　賃構を用いた賃金関数の推定については、川口（2011）が要領よくまとめている。

[4]　最終学歴は2019年調査までは一般労働者のみが調査対象だったが、2020年調査よりすべての被用者に尋ねることになった。同時に、最終学歴区分が、中学、高校、高専／短大、大学／大学院の4つから、中学、高校、専門学校、高専／短大、大学、大学院、不明の7つに増えた。2019年調査までは「高専／短大」に含まれるはずだった専門学校が独立したカテゴリーになったことによって、報告時の揺れが生じたのか、継続して最終学歴が調査項目だった一般労働者について、高校卒の割合が5％ポイントほど減少した。このことは、2019年調査以前において、一部の専門学校卒業者を高校卒業者として報告していた可能性を示唆している。本稿の分析は2019年調査の4区分を2020年調査に当てはめたが、専門学校卒の揺れを考慮して、中学卒、高校／専門学校／高専／短大卒、大学／大学院卒の3区分を用いても、分析結果は質的に変わらなかった。

[5]　Blinder-Oaxaca分解については、専門論文よりも計算ソフトのマニュアルのほうが簡便な解説としては便利である。筆者が本稿に用いたStataでは、Jann（2008）などがある。

表：賃金関数のブラインダー・オアハカ分解

賃金構造基本統計調査　2019年調査および2020年調査
18〜65歳

一般労働者			短時間労働者		
対数時間あたり所定内賃金			対数時間あたり所定内賃金		
2019年平均値	2.860		2019年平均値	2.422	
2020年平均値	2.882		2020年平均値	2.482	
上昇分	0.021		上昇分	0.060	
[分解]		（シェア）	[分解]		（シェア）
属性の差計	0.007	0.32	属性の差計	0.000	0.01
推定係数の差計	0.014	0.68	推定係数の差計	0.059	0.99
性別	0.001	0.04	性別	0.018	0.30
年齢	-0.204	-9.59	年齢	0.021	0.35
年齢^2/100	0.106	5.00	年齢^2/100	-0.014	-0.24
勤続	0.005	0.25	勤続	-0.003	-0.05
勤続^2/100	-0.009	-0.41	勤続^2/100	0.000	0.00
呼称非正規	0.003	0.16	呼称非正規	0.021	0.36
有期契約	-0.002	-0.08	有期契約	-0.007	-0.11
中学卒	0.001	0.03	中学卒		
高専・短大卒	0.000	-0.02	高専・短大卒		
大学・大学院卒	-0.013	-0.62	大学・大学院卒		
定数項	0.126	5.93	定数項	0.023	0.38
交差項計	0.000	0.00	交差項計	0.000	0.00

資料出所：厚生労働省『賃金構造基本統計調査』2019年および2020年調査個票より筆者推計。集計ウェイトは使っていない。

　この分析からわかることは大きくは二点ある。第一に注目すべきは、今次パンデミック下において時間あたり所定内賃金が上昇したという点である。たとえば一般労働者をみると、時間あたり所定内賃金は2019年から2020年にかけて、平均的には0.021ログポイント上昇したことがわかる。おおむね２％程度である。今次パンデミック下において時間あたり賃金が上昇したときくと、少々驚く読者もいるかもしれない。しかし、別途、時間あたり所定内賃金を、所定内給与額と所定内労働時間に分解し、それぞれの変化を推定すると、所定内給与額そのものはわずかながら低下したものの、所定内労働時間が相当程度低下したため、時間あたりに直すと上昇したという分析結果が得られている。そしてこの傾向は、超過勤務を考慮したとしても成立しており、また短時間労働者についても同様に成立している。つまり、今次パンデミック下においては給与額の調整は行われたものの労働時間の調整よりも鈍く、結果として時間あたり賃金が上昇するという仕組みが動いていたことが示唆される[6]。

　表の第二の特徴は、2019年から2020年にかけての平均賃金の上昇が、賃金額の低い被用者が減ったという被用者の構成変化では説明できず、各被用者がもつ属性につく価格が変化したことによることを示唆する点である。つまり、何らかの形で賃金構造が変化したことによって、平均賃金が上昇した可能性が示唆される。そして、どの属性価格が強い影響を及ぼしたかについては、一般労働者と短時間労働者で異なってみえる。

---

[6] もっとも、賃構の給与額には休業手当も含まれるので、使用者が雇用調整助成金の休業補償を受け取っていたとすれば、時間あたり賃金の上昇は必ずしも使用者にとっての労働費用の上昇を意味しない。時間あたり賃金の上昇が、今次パンデミックを脱却したときにどのように動くのか、注目する必要があるだろう。

　まず一般労働者については、定数項の上昇、すなわち全般的賃金上昇の効果が大きく、実際の変化の６倍程度を説明する（0.126ログポイント）。しかし同時に、年齢および年齢２/100が賃金に与える影響（以下、年齢・賃金プロファイルと略す）が賃金を押し下げる方向に変化し、全般的賃金上昇の効果を打ち消している。結果として、推定係数の変化、すなわち賃金構造の変化で説明できる部分の合計は0.014ログポイントと、全体平均の差の７割程度に落ち着く。他方短時間労働者については、一般労働者と同様に、定数項の押し上げと年齢・賃金プロファイルの変化が平均賃金の上昇に貢献しているだけではなく、女性ダミーや呼称非正規ダミーが大きくなり平均賃金の上昇に一役買っている点が特徴的である。

　一般労働者と短時間労働者に共通して、年齢・賃金プロファイルが変化した可能性が示唆されるが、その方向は一般労働者と短時間労働者では逆に推定されている。一般労働者では、年齢・賃金プロファイルは小さくかつフラットになる方向に変化しており、先に指摘したように全般的賃金上昇を相殺する効果をもった。他方短時間労働者では、年齢・賃金プロファイルがとくに中高年齢層でシフトした（**参考図参照**）。その結果、平均賃金を上昇させる方向に貢献しただけではなく、一般労働者と短時間労働者の間での年齢・賃金プロファイルの差が縮まる方向に推移したことになる。短時間労働者においては、性別による賃金格差と呼称による賃金格差も縮小する傾向にあることも、平均賃金の上昇に寄与した可能性がある。

参考図：年齢・賃金プロファイル、勤続・賃金プロファイルの変化

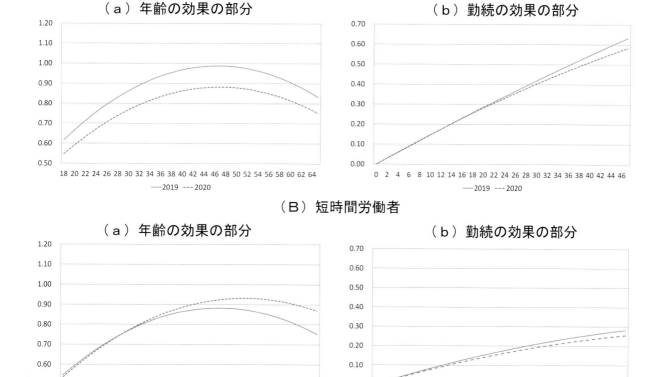

出所：厚生労働省『賃金構造基本統計調査』2019年および2020年調査個票より筆者推計。本文中表のBlinder-Oaxaca分解に利用した各年の賃金関数のうち、年齢に関わる推定係数と、勤続に関わる推定係数を用いた。集計ウェイトは使っていない。

　以上の解釈にはいくつかの重要な留保が必要なものの[7]、今次パンデミック下においても、賃金構造の変化が継続的に進行している可能性を示唆していると考えられる。テレワークやジョブ型雇用など、目に見える制度変革に関心を奪われがちだが、労働市場に起こっている継続的かつ根底的な変動には注意する必要があるだろう。

参考文献

厚生労働省（2020）『厚生労働白書』

川口大司（2013）「賃金」『日本労働研究雑誌』no. 633；pp. 14-17

川口大司(2011)「ミンサー型賃金関数の日本の労働市場への適用」RIETI Discussion Paper Series 11-J-026

Jann, Ben (2008). The Blinder-Oaxaca decomposition for linear regression models. The Stata Journal 8(4): 453-479.

---

[7] たとえば2020年調査で取り入れられたサンプリング方法の変更があげられる。2019年調査までは、各事業所は事前に割り当てられた確率で被用者の情報を抜き取り、調査票に転記して報告することとなっていた。2020年調査からは、被用者の情報が電子的に管理されている場合を想定して、事前に割り当てられた確率によらず、全員について一括して報告することも可能になった。また、表の推定はデータの横断面でのばらつきを利用したものなので、産業や規模など事業所の属性のばらつきも考慮すべき情報であるとの立場も成り立つ。事業所の属性を考慮した場合に、本稿のような立論が成立するかは、もちろん検討の余地がある。

第　Ⅲ　部

コロナ禍での働き方の変化と今後の課題

山本　勲氏　慶應義塾大学商学部教授

1．コロナ禍での働き方の変化

　新型コロナウイルス感染症のパンデミックによる2020年４月の緊急事態宣言下において、日本人の働き方はテレワーク（在宅勤務）の急速な普及によって大きく変わったといえる。全国の家計をコロナ禍前から追跡調査している「日本家計パネル調査」（慶應義塾大学パネルデータ設計・解析センター）によると、20〜70歳の就業者で在宅勤務を実施している人はコロナ禍直前の2020年２月には６％程度に過ぎなかったが、第１回緊急事態宣言下の2020年４月には25％程度と４人に１人が在宅勤務を実施するようになった。

　在宅勤務への移行は、感染拡大防止のための政府・自治体からの要請に沿ったものではあるが、働き方の変化という点では、働く場所や時間の柔軟性を高めるという「働き方改革」のメガトレンドに合致するものである。さらに、コロナ禍では景気後退もあって、就業者の労働時間も減少した。「日本家計パネル調査」によると、週60時間以上働く長時間労働者比率は、2020年２月の７％から大幅に減少し、４月には約４％になった。１つの解釈としては、コロナ禍で日本人の長時間労働が是正され、働き方の柔軟性も高まり、仕事と生活の調和（ワークライフバランス）も取りやすくなったといえよう。

　しかしながら、その後の動向をみると、こうした変化は必ずしも恒久的なものではなく、短期的なものであった可能性が指摘できる。第１回目の緊急事態宣言解除後、在宅勤務から職場勤務へ戻る企業・労働者が増え、2020年９月には在宅勤務実施率が約15％に低下し、週60時間以上働く労働者の比率は約６％に上昇した。その後も感染状況や緊急事態宣言の有無などで多少の変動はあるものの、同様の状況が続いている。つまり、コロナ禍前からみれば在宅勤務の普及や長時間労働是正はみられるが、2020年夏以降はその変化の度合いは限定的といえる。

2．在宅勤務とタスク・ＩＣＴ活用

　2020年４月頃の緊急事態宣言下を除いて、日本での在宅勤務の普及が本格化しなかったのはなぜだろうか。よく指摘される理由としては、職務が限定されるジョブ型雇用が普及していないことや、在宅勤務だと職場同僚や取引先とのコミュニケーションに支障が生じること、在宅勤務のためのＰＣ・通信機器や運用規定が整備されていないことなどが挙げられる。しかし筆者は、これらの理由の根底には、日本の仕事特性として、非定型的で知的労働の要素の大きいタスク（業務）が少なく、

定型的なタスクや肉体労働の要素の大きいタスクを多くの労働者が担っていることと、デジタル化やＩＣＴ活用が遅れていることの２つがあると考える。

　タスクとは、仕事を遂行する際の業務内容のことであり、ここで特に注目すべきは「抽象タスク」に分類される非定型かつ分析・対話の多いタスク（企画立案、分析、コミュニケーションを必要とする業務など）である。これらの抽象タスクは、繰り返しの多い定型的な事務や肉体労働を伴うタスクに比べて、在宅勤務でも支障なく遂行しやすい特性がある。

　このことは在宅勤務実施率と抽象タスクの大きさを国際比較した**図１**で確認することができる。図は横軸に、野村総合研究所が2020年７月に８ヵ国を対象に実施したアンケート調査「Withコロナ期における生活実態国際比較調査」の結果から国別の在宅勤務（テレワーク）実施率をとり、縦軸にＯＥＣＤの実施した「国際成人力調査（ＰＩＡＡＣ）」をもとにDe La Rica and Gortazar（2016）が指標化した抽象タスクの大きさ（青色）と仕事でＩＣＴを利用する頻度の大きさ（赤色）をとっている。

　調査の対象や時期が異なるので、上述の「日本家計パネル調査」での在宅勤務実施率と水準は異なるが、図の青いプロット（点）をみると、やはり日本の在宅勤務実施率は３割程度と国際的にみて最も低く、最大のアメリカの６割の約半分となっている。さらに注目すべきことに、在宅勤務実施率が高い国ほど抽象タスク指標が大きい傾向が明確にあり、日本は抽象タスクが最も小さくなっている。また、図の赤いプロットは各国のＩＣＴ利用度の大きさを在宅勤務実施率に対して示しているが、在宅勤務実施率が高い国ほどＩＣＴ利用度も高くなっている中で、日本のＩＣＴ利用度は国際的にかなり低くなっていることもわかる。

図１　在宅勤務の国際比較

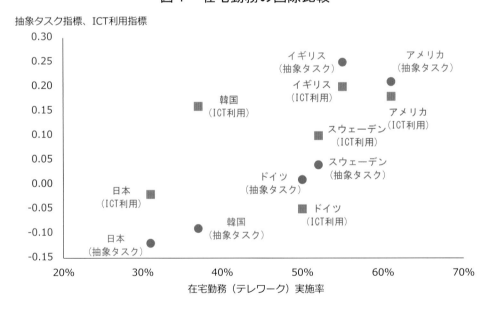

備考：１）在宅勤務（テレワーク）実施率は野村総合研究所が2020年７月に８ヵ国を対象に実施した「Withコロナ期における生活実態国際比較調査」の結果から引用。
　　　２）抽象タスク指標とＩＣＴ利用指標は、ＯＥＣＤの実施した「国際成人力調査（ＰＩＡＡＣ）」をもとに指標化したDe La Rica and Gortazar（2016）の結果から引用。

　つまり、日本の労働者は、国際的にみて抽象タスクに従事する割合が低く、かつ、仕事でＩＣＴを利用する頻度も少なく、そのことが在宅勤務の幅広い普及・定着のボトルネックになっていると指摘できる。

　定型的なタスクや肉体労働の要素の大きいタスクはＩＣＴやロボットに任せたり、サービス化や産業の高度化を進めたりしていれば、労働者の従事する抽象タスクが多くなる。そして、抽象タスクであれば、ＰＣやオンライン通信を活用して、労働者は在宅勤務でもほぼ支障なく遂行することができるはずである。他国と違って日本でこうした状況になっていないことの理由としては、1990年代以降にＩＣＴが利用できる環境になっても、メンバーシップ型雇用を前提とする日本の多くの職場では、職務内容が多様なために正社員を解雇してＩＣＴに置き換えることをしなかったことや、むしろ非正規雇用という労働力が多く活用できたので、非正規雇用が定型的・肉体的タスクに多く従事するようになったことなどが挙げられる。

　こうした労働市場の構造がコロナ禍での在宅勤務の普及の足かせとなり、感染症拡大につながる出勤しての職場勤務が続き、また、働き方改革に沿った柔軟な働き方も進展・定着していない。この状況を打開するには、デジタル化やＩＣＴの活用はもちろんのこと、ＡＩやＩｏＴなどの新しいテクノロジーの導入やロボットのさらなる普及を進めることで、業務特性そのものを変えていく必要がある。

３．レジリエンス格差拡大の可能性

　日本の在宅勤務の普及・定着が部分的であることは、柔軟で健全な働き方ができる労働者とそれ以外の労働者の間で、働き方に格差が生じることを意味する。事実、「日本家計パネル調査」によると、所得階層別に在宅勤務の実施率の2020年２月から2021年４月の推移を比較すると、上位20％の高所得層では７％から31％と大幅に上昇した一方で、下位20％の低所得層では６％から８％と僅かしか上昇していない。同様の傾向は長時間労働の是正でも当てはまり、高所得層ほど週60時間以上働く長時間労働者の比率が大きく減少している。さらに、スキル習得等の学習時間をみても、中低所得層では変化がない一方で、高所得層では同時期に倍増している。

　こうした変化はショックに対するレジリエンス（回復力・復元力）に格差が生じてきていると解釈することができる。例えば、在宅勤務や長時間労働でない働き方は、感染症の普及や災害、療養・介護などのライフイベントが生じた際にも仕事を継続できる意味でレジリエンスを高める。学習時間の確保は、急速な技術革新などで求められるスキルが変化した際にも適応できる意味でレジリエンスを高める。コロナ禍で生じた変化は、こうしたレジリエンスといった新たな側面での格差を拡大させる可能性があり、留意が必要といえる。

　レジリエンス格差は従来からの所得格差と比べて把握が難しく、仮に把握できたとしても、是正を促す政策介入の手段が多くはない。所得再分配のような政府による強力な格差是正策は望めないため、個々の労働者や企業が自ら働き方を改革するなど、きめ細かい自主的な取り組みが重要になるといえよう。

第 Ⅲ 部

コロナ禍での女性雇用
－「シーセッション」現象を読み解く－

周　燕飛氏　日本女子大学人間社会学部教授・ＪＩＬＰＴ客員研究員

１．一向に解消されない女性の雇用危機

　2020年 6 月26日、私は労働政策研究・研修機構（ＪＩＬＰＴ）が行ったコロナ調査をもとに、ＪＩＬＰＴリサーチアイ第38回にて「コロナショックの被害が女性に集中」という論考をいち早く発表した。以来、この問題に関する取材や執筆、講演の依頼が途絶えることはなかった。研究者としてはやりがいを感じる反面、コロナ禍での女性の雇用危機が一向に解消されないことに対する無力感も同時に覚えた。

　女性の雇用危機が如何に引き起こされ、その解消がなぜ難しいのか。以下は、2020年11月中旬に実施された「新型コロナウイルスと雇用・暮らしに関するＮＨＫ・ＪＩＬＰＴ共同調査」（以下"ＮＨＫ・ＪＩＬＰＴ共同調査"[1]）をもとに、コロナ禍での女性の厳しい雇用状況を解説する。

２．「シーセッション（女性不況）」現象の浮上

　コロナ禍により、企業の生産活動は萎縮し、休業、解雇・雇止め、労働時間カット等、雇用調整が長期にわたっている。こうした中で、雇用喪失が、男性よりも女性に集中している、いわゆる"シーセッション"と呼ばれる現象が報告されており、かねてから根深く存在する男女間雇用格差の課題が再び注目されるところとなった。

　これまでの不況においては、雇用減少は主に男性の側に現れることが多かった。例えば、リーマンショック時には、世界同時不況の影響で外需が大きく減り、主に男性雇用者の多い製造業で雇用調整が行われた。ところが、今回のコロナショックでは、主に宿泊・飲食、生活・娯楽等のサービス業に壊滅的なダメージが生じているが、これらは女性雇用者が多い産業である 。

　また、雇用減少が立場の弱い層により顕著であることが、コロナ禍における雇用問題の大きな特徴である。日本では女性の非正規雇用比率が高く、不安定な立場にいる者が多いため、不況時に雇用調整の対象になりやすい傾向がある。

---

[1] 詳細は、ＪＩＬＰＴ「新型コロナウイルスと雇用・暮らしに関するＮＨＫ・ＪＩＬＰＴ共同調査結果概要」（2020年12月 4 日）を参照すること。

　さらに、やはり通常の不況時とは異なり、今回は自ら就業抑制する女性が多い点も特徴的である。外食の機会が減少したことによって家事負担が増加したり、小中高校や保育園・幼稚園の臨時休園・休校が行われたことによって、「仕事か家庭かの二者択一」を迫られている女性が増えている。

３．女性の厳しい雇用状況

　コロナ禍は、総じて女性（とくに非正規女性）の雇用に大きな被害をもたらしていることがＪＩＬＰＴ・ＮＨＫ共同調査から確認できる。2020年４月１日から11月中旬までの約７ヵ月間に、解雇や労働時間の激減等、雇用状況に大きな変化を経験した者の割合は、男性が18.7％であるのに対し、女性が26.3％と男性の1.4倍、非正規女性が33.1％と男性の1.8倍となっている。

　その内訳をみると、「解雇・雇止め」にあった割合は、女性が男性の1.2倍、非正規女性が男性の1.8倍である。「自発的離職」をした割合は、女性が男性の1.4倍、非正規女性が男性の1.7倍である。「労働時間半減30日以上」の割合は、女性が男性の1.7倍、非正規女性が男性の2.3倍である。「休業（が）７日以上」に及んだ割合は、女性は男性の1.4倍、非正規女性は男性の1.8倍に上る。

　女性は解雇・雇止めにあった後の非労働力化や非正規化も深刻である。2020年４月１日以降に解雇・雇止めにあった女性のうち、７ヵ月後に再就職できた割合は、男性が74.4％であるのに対し、女性は66.5％にとどまっている。「失業」（仕事はしなかったが求職活動をした人）の割合は、女性が男性の1.2倍（19.2％ vs. 16.5％）であり、「非労働力化」（仕事も求職活動もしなかった人）の割合も、女性が男性の1.6倍（14.4％ vs. 9.1％）である。

　また、再就職できた者のうち、雇用条件が劣化した人の割合も女性の方が高い。正規で働いていた女性が再就職で非正規に変わった割合は24.3％に上り、女性の非正規化は男性より約２倍も高い水準にある。

　労働収入についても同様に、男性よりも女性の下落幅が大きい。10月の平均月収は通常月に比べての下落率は、女性が4.0％と男性の約２倍である。そのうち、非正規雇用で働く女性の収入下落率は、6.8％に達している。また、収入が３割以上減少した者の割合についてみると、男性が9.9％であるのに対して、女性が11.7％、非正規女性が18.3％と高い。

４．女性の収入減で家計が逼迫

　主たる稼ぎ手である男性の雇用が守られている限り、女性の雇用減少が家計に与える影響は少ないと見る人が少なくない。しかしながら、実際の家計の収入構成比を改めてみると、それは大いなる誤解であることが分かる。

　ＮＨＫ・ＪＩＬＰＴ共同調査によると、世帯総収入のうち、妻の収入が占める割合は、正規雇用の妻で42.7％、非正規雇用の妻でも23.8％に上っている。未婚・離婚女性等の女性世帯主の場合には、女性の勤労収入は世帯総収入の７割を超える。

　実際、別のＪＩＬＰＴ調査[2]からは、女性の収入減が家計を逼迫させている実態が浮かび上がっている。女性の収入が１割以上減った家庭では、５世帯に１世帯が食費を切詰めており、１割弱が公

---

[2] ＪＩＬＰＴ「新型コロナウイルス感染拡大の仕事や生活への影響に関する調査」（第２回、2020年８月）。

共料金等を滞納している。女性の収入があまり減っていない家庭と比較すると、食費切詰めと料金滞納の発生割合は、２倍～４倍もの高さとなっている。

５．女性の雇用危機が長引く理由

冒頭で述べたように、コロナ禍での「シーセッション現象」について、女性業種への被害集中、女性の高い非正規比率ならびに家事・育児負担の増加という３つの要因が挙げられる。

実際、業種、雇用形態および子どもの有無を考慮しない推定では、男性に比べて女性が「雇用に変化あり」となる確率が顕著に高いが、これらの３要因をコントロールした推定では、男女間の差が観察されなくなる。そのうち、業種と雇用形態の影響がとりわけ大きい。「製造業」に比べて、「飲食サービス、宿泊業」従事者は「雇用に変化あり」となる確率が20.8%高い。正規雇用者と比較すると、非正規雇用者は「雇用に変化あり」となる確率が9.6%高い。一方、未成年子を育てていることが、男性の雇用状況には影響せず、女性の雇用のみに負の影響を与えている[3]。

業種要因と雇用形態要因の影響が今も持続しており、女性の雇用危機が長引く最大の理由となっている。

６．危機の終息に備えよ

コロナ禍の被害が女性に集中するような状況が長引くことによって、女性のキャリアに深刻な影響が及ぶことが懸念される。とくに休業や失業が長引くと、職業スキルと仕事のモチベーション維持が困難になることが予想される。

女性の長期的キャリアを考えると、今後は、雇用調整助成金や休業支援金といった雇用維持の支援から「ジョブ・クリエーション支援」に重心を移すべきと言えよう。「仕事を増やすこと」や「ミスマッチを解消すること」、「新成長分野を育てること」に官民の総力を挙げて取組むことが、いま求められている。

また、大企業志向の強い日本では、中小のベンチャー企業は人材難の問題に直面することが多い。休業手当の受給者を、こうした人材難の成長型中小企業に出向させ、本人が希望するなら転職も可能となるようなマッチングサービスを行えばさらに良い。

---

[3] 詳細は、周燕飛（2021）「コロナショックと女性の雇用危機」ＪＩＬＰＴディスカッションペーパー No.21-09を参照すること。

第 Ⅲ 部

ジェンダー化されたマネジメントと
コロナ禍のインパクト

金井　郁氏　埼玉大学大学院人文社会科学研究科教授

1．コロナ禍の女性への影響

　コロナ禍が女性にどのような影響を与えたのかは世界的に研究が蓄積されてきた。ケアが女性に偏って増加したこと、一斉休校などの措置が女性の非労働力化につながったこと、産業や雇用形態のジェンダーによる偏りで女性はそもそも在宅ワークができる仕事には就いておらず、男性よりも大幅に就業時間を減らしたり休業していること、有償無償にかかわらず看護や介護など接触の多いケア労働や販売職に占める女性の割合が高く、エッセンシャルワーカーとして感染リスクにさらされているにもかかわらず低賃金・低労働条件であること、こうした複合的な要因によって母子世帯の母親が非常に深刻な貧困リスクにさらされていることなどが明らかにされている。一方で、コロナ禍でもエッセンシャルワークだけではなく継続的に遂行される接客サービス労働はあり、感染リスクは高く影響を受けていると考えられる。本稿では、コロナ後を見据えた課題を検討するため、ジェンダー化されたマネジメントや労働実態の差がコロナ禍でいかに男女の労働者に異なる影響を与えたのか、今後のマネジメント上の課題について、生命保険営業職の事例を通して検討する[1]。

2．ジェンダー化された生命保険営業職のマネジメント

　日本の生命保険業界は、中高年女性を主体に構成された伝統的生保と高学歴男性を主体に構成された後発型生保に大きく分かれており、異なる営業・採用戦略をとってきた。
　伝統的生保の営業方法は、地域および会社、事業所単位で専任の営業職員を配置し、決まった営業職員が担当地区や会社を訪問して見込み客を発見することが特徴である。営業職員は、自己紹介等の手作りのチラシを作成して担当の地区や会社に毎日訪問する。昼休みの職場やエレベーターの前、食堂など担当企業に許可された場でひとりひとりにそれらを配布したり、ポストに投函したりしながら、見込み客と個別に話が出来る機会を作るよう工夫する。見込み客や顧客との接触時間が少ない中で、営業担当の自分を覚えてもらうのが第一課題である。生命保険の話を聞いてもらうためには、その前に相手の家族構成や顧客ニーズといった情報を収集しながら、人間関係をいかに築

---

[1] 本稿の詳細は、金井郁（2021）「コロナ禍の生命保険営業における「対面」営業の変化」『ジェンダー研究』No24. を参照のこと。

けるかが重要とされる。そのため、毎日コツコツと担当する地域や職域を回ることが求められる。こうした営業方法のもとでは、常に全国津々浦々で営業職員を採用しなければならない。そのため、職歴や学歴を問わず、地域の中高年女性を主な対象として中途採用してきた。

　一方、後発型生保の営業モデルでは、営業職員自身の持っている人的ネットワーク（Xマーケット）と「紹介」によってそのネットワークを拡大していくことで見込み客や顧客を増やしていく方法をとっている。Xから紹介された複数のY、Yから紹介された複数のZといったように営業職員のネットワークを広げていく。見込み客を顧客に変えると同時に、ネットワークを広げるために次の見込み客を紹介してもらえるかが、営業を続けるカギで、ネットワークを拡大するためにテレアポや顧客を訪問することが重要である。そこで、優良なネットワークを多く保有し、自律的に活動量を多くして営業拡大ができる高学歴で職歴のある専業主婦や子どものいる男性が好まれて採用されてきた。

　どちらの方法も極めてジェンダー化され、対面による営業職員の活動が重要であった。

3．生命保険営業にコロナ禍が与えた異なる影響

　伝統的生保では、職域や地域への飛び込み営業が感染対策のため禁止され、見知らぬ人と「対面」で会うことが困難な中、新規の見込み客発見が非常に難しくなっている。そこで、ベテラン層は既契約者やその家族などへの営業を重点化している。ベテランであるほど、顧客との関係性も強く、「対面」で会うことへの顧客側の忌避感は低い。一方、新人層は、職域や地域が制限される中で、従来からの方法であるが、会社が所有している既契約者の中で営業職員がいない者のリストが渡され、そのリストを足掛かりに見込み客発見をしている。しかし、ベテラン層のように顧客との関係性が築かれていない中で、「対面」でのアポを取るのは難しい。

　後発型生保では、伝統的生保のようにコロナによって職域への立ち入りや地区住民への飛び込み営業が禁止されるなどの制限は受けていない。感染リスクを感じる顧客や見込み客が、対面を避けるという個人的な問題としてあらわれ、対面か非対面かや、マスか個人相手とするかなどの「やり方」を見直すという影響は受けるものの、ネットワーク営業そのものに変化はない。営業職員の「専門性」や「役に立つ話」をほかの人にも聞かせたい、という立場から顧客の身近な人の紹介という形で行われるため、自分の知り合いから紹介された人にとって、知らない人であっても対面でも会える可能性を高めている。そのためコロナ禍で開始されたデジタルツールの利用は、従来の紹介によるネットワーク営業を補足するものとなっている。

　見込み客発見時に、人間関係構築を前面に打ち出すことが伝統的生保の方法であるが、見知らぬ人との対面が制限されるコロナ禍では、人間関係を構築する機会そのものが制限される。後発型生保では、見込み客に対して「役に立つ話をする」といった「専門性」を前面に出した「紹介」で、コロナ禍であっても見知らぬ人への接続に成功する確率を高めている。

４．コロナ後を見据えた課題を考える

　伝統的生保では、対面が制限される中で新規の見込み客を発見し人間関係を築く場が大きく制限されているが、会社側は明確な対処方法を打ち出せていない。職歴などを重視せず採用し、営業職員個々人が顧客と人間関係を築く努力と運に頼ってきた営業手法で、「対面」であることに大きな意味があったためといえる。見知らぬ人との人間関係構築という不確定な要素を基盤に大量の中高年女性を採用して生命保険を営業し、その後の長期的な顧客との関係性も疑似的な友達ともいえる人間関係を営業職員に築かせてきた。そして、成績の上げられない女性が大量に離職していくことも織り込まれていた。つまり、伝統的生保の人間関係構築モデルは、女性営業職の生活できる収入の維持に企業側が責任をもつことに主眼は置かれず、男性稼ぎ主型世帯の主婦を想定するジェンダー化されたビジネスモデルであった。従来、女性営業職が個人でリスクを負ってきた専門性を基盤にしない人間関係構築モデルが、コロナ禍、会社にとっての脆弱性として顕在化したといえる。一方で、後発型生保のように専門性を前提に高学歴で職歴を重視した男性を採用・育成し、営業職員自身のネットワークを活用することは、見込み客発見において見知らぬ人との対面を制限するコロナのインパクトを相対的に緩和するものとして機能していた。このように平時の企業のジェンダー化されたマネジメントがコロナ禍の男女の労働者の営業成績や歩合給収入に異なる影響をもたらしている。

　ジェンダー化されたマネジメントは経路依存的で企業が効率性を追求した結果であるともいえるが、マネジメントがジェンダー化されていることやその意味に労使がまずは自覚的になることがコロナ後の経営戦略やマネジメントを再構築する際に重要であると考える。

第　Ⅲ　部

ポスト・コロナ時代に向けて
―テレワーク定着の可能性について考える

鬼丸　朋子氏　中央大学経済学部教授

　近年、社会経済状況の変化に応じて働き方を見直そうとする動きが盛んであったが、この一年半はとくにテレワーク[1]への関心が高まった。テレワーク自体は、コロナ禍以前から働き方改革推進の文脈のなかで取り組みが進んでいたが、長引く新型コロナウイルス感染症の感染拡大を防ぐために政府や地方自治体がテレワークを勧めるという動きが加わり、一気に導入が進んだ[2]。その後、コロナの影響で一年以上にわたってテレワークが実施された企業が増えてくると、各種調査を通じて「実体験を通じてわかってきたテレワークの状況」が詳らかにされるようになってきた。

　パーソル総合研究所が2021年7月30日－8月1日に実施した「第五回・新型コロナウイルス対策によるテレワークへの影響に関する緊急調査」調査結果[3]によると、テレワーク実施者は正規雇用労働者で27.5%、非正規雇用労働者で17.6%であった。同調査によれば、実際にテレワークを経験した者のテレワーク継続希望意向は78.6%にのぼっている。また、三菱ＵＦＪリサーチ＆コンサルティングが2021年に発表した「令和2年度テレワークの労務管理に関する総合的実態調査研究事業報告書」[4]の従業員へのアンケート結果から、「ふだんの仕事のうち、パソコンとインターネット環境があれば遂行可能な仕事の割合」（企業規模計）について、「7～8割程度の仕事が可能」とする回答が23.5%、「5～6割程度の仕事が可能」が20.8%であった[5]。

　一方、「第五回・新型コロナウイルス対策によるテレワークへの影響に関する緊急調査」調査結果でテレワークが実施できていない理由をみると、「テレワークで行える業務ではない」が47.4%、「テレワーク制度が整備されていない」が31.4%、「テレワークのためのＩＣＴ環境（機器、システム）が整備されていない」が11.9%、「テレワークを行う場所がない」が11.2%、「会社がテレワークに消極的で、実施しにくい」が10.3%であった。また、コロナ拡大後一旦テレワークをしてい

---

[1]　本稿は、主に在宅勤務の雇用型テレワークを念頭において執筆している。

[2]　例えば、日経リサーチが2020年5月～7月に実施した「スマートワーク経営」調査結果によれば、在宅勤務率（製造業・非製造業計）は2019年度の13.6%から2020年4月以降に56.4%に急増している。

[3]　生産性本部「第6回 働く人の意識調査」及び三菱ＵＦＪリサーチ＆コンサルティング「令和2年度テレワークの労務管理に関する総合的実態調査研究事業報告書」でも、テレワーク実施率やテレワーク継続希望意向等について同様の傾向がみられた。

[4]　この調査の実施期間は、2020年8月20日～10月8日（締切9月25日）である。

[5]　企業規模別にみると、従業員規模1,000人以上でパソコンとインターネット環境があれば7割以上の仕事ができるという回答は55.4%にのぼっている。一方、従業員規模99人以下では、パソコンとインターネット環境があれば7割以上の仕事ができるという回答は26.1%にとどまっている。

たが現在はテレワークをやめた者の理由について2020年5月調査と2021年7月末調査を比較してみると、「テレワーク制度が整備されていない」は30.3％から20.1％へ、「テレワークのためのＩＣＴ環境（機器、システム）が整備されていない」が21.4％から16.7％へ、それぞれ減少している。一方、「テレワークで行える業務ではない」、「会社がテレワークに消極的で、実施しにくい」、「押印や書類準備など、事務処理に出社が必要」は微増であった。

　これらの調査結果から、いくつかの点が指摘できよう。第一に、現在テレワークを導入している企業のうち、コロナ禍以前から働き方改革の実現に向けた取り組みを進めてきた企業と比較して、いわゆるコロナ対応として急遽テレワークを導入した企業が多いことが挙げられる。後者の場合、いわば突貫工事でテレワークに踏み切った企業も少なくないため、とりわけスタート時に多くの躓きが発生しがちであったことは想像に難くない。第二に、一度テレワークを導入した企業のうち、テレワークが浸透・定着して「テレワークを円滑に継続するためにさらに何をなすべきか」という悩みへと問題関心が移ってきている企業と、「テレワークをやめるかどうか」について悩む企業とに二分されつつあることが挙げられる。第三に、実体験を通じて、社員のテレワークに向けるまなざしが変化しつつある点が挙げられる。これまでとは比べ物にならない多数の社員がテレワークを体験し、「自分の担当業務をテレワークで遂行するのは難しいと思っていたが、やってみたら毎日出社しなくても意外となんとかなる」ことを、肌で感じたことは大きい。基本的にすべての業務について出社するしかないという一択から、業務によっては出社かテレワークかのいずれかを選択できる、つまり働く場所に関して選択肢が増える業務がこれまで想定していた以上の広がりをもつと社員が体験し、認識を改めたことは、今後の働き方を考えるうえで一つのポイントになっていくのではないだろうか。

　アフター・コロナの時代に、全員が毎日オフィスに出勤するという従来の働き方に全面的に回帰するという選択肢もあるが、テレワークを経験した社員からみたときに、これが最善の策と受け止められるかは定かではない。先述の調査でテレワーク継続を希望すると回答した割合が8割近くにのぼっていることを鑑みれば、コロナ禍以前の働き方への全面的な回帰を手放しで喜ぶ社員ばかりではなく、次善の策と落胆をもって受け止める社員も一定数存在することが予想される。とすれば、労使共に今後も何らかの形でテレワークが継続することを前提にテレワークと出社との良い塩梅を模索し、これまでの人事・処遇制度を抜本的に見直すことについて本腰を入れて取り組んだ方がよいのかもしれない。その際、テレワークのメリットを活かすことはもちろんであるが、一方で通勤時間が減った分残業時間が増加する、私的な領域に仕事が蚕食することへの懸念、社内外におけるコミュニケーションの難しさといったデメリットをいかに減じていくか、という視点からの取り組みも欠かせないだろう。

　さらに、テレワーク非対象者への働き掛けが、これまで以上に大切になってくるのではないだろうか。エッセンシャルワーカーと称される人々が典型だが、世の中にはテレワークにそぐわない業務が数多く存在する。「第五回・新型コロナウイルス対策によるテレワークへの影響に関する緊急調査」調査結果によれば、テレワーク実施者は正社員で27.5％、裏を返せばテレワーク非実施者は71.8％にのぼる。取引先や顧客と接する場所で、あるいは製品の生産や物流の最前線で働く人々が欠くことのできない存在であることをコロナ禍で再認識できた今だからこそ、テレワーク非対象者の声に丁寧に耳を傾け、彼等・彼女等が納得できる処遇を再考することが重要である。とくに、「働

く場所」について、これまで基本的に全社員出社という選択肢しか与えられていなかった状態から、テレワークの普及によって「出社する選択肢しか与えられていない社員」と「出社かテレワークかを選べる社員」とが同一企業内に混在するようになった時、「出社する選択肢しか与えられていない社員」が、「出社するかテレワークするかを選べる社員」に対して感じるであろう不公平感に対してどのように報いるかについて何らかの策を講ずる必要があるのではないだろうか。労使双方が、テレワーク対象者・非対象者双方の声を掬い上げ、よりよい人事・処遇制度の設計・運用へと結実させていってほしい。

第 Ⅲ 部

コロナ後を見据えた社会保障の課題：
雇用との連携からの視点

丸山　桂氏　上智大学総合人間科学部教授

　2020年から世界中に猛威をふるった新型コロナウイルス感染症の拡大は、いまだ収束の時期は見えない。コロナが私たちの生活に与えた影響は多岐にわたるが、本稿は雇用と社会保障に与えた影響から、コロナ後の雇用と社会保障の課題について整理することを目的とする。

　2020年４月に最初の緊急事態宣言が発出され、労働市場にはきわめて大きな影響があった。総務省統計局「労働力調査」から見ると、正社員の雇用者数の対前年同月比の減少は2020年５月の１万人だけで、それ以外の月は増加している。非正規労働者数の減少はきわめて大きく、2020年４月にマイナス97万人、７月には131万人とピークに達し、今年３月まで一貫して減少が続いた。

　コロナによる労働市場への負の影響が、非正規労働者に集中したことは、ジェンダーの問題とも密接に絡んでいる。内閣府『令和３年男女共同参画白書』には、2020年４月の緊急事態宣言後の就業者数の減少は、男性は39万人、女性は70万人の減少と、女性の減少幅の方が1.8倍近く大きかったことが示されている。これは、もともと非正規労働者に占める女性の割合が大きいことに加え、コロナの打撃が飲食業や小売業などに与えた影響も大きかったことによる。さらに同白書によれば、2020年７〜９月期平均の完全失業率への影響は、子供のいる有配偶の女性にはほとんど影響が見られない一方で、母子世帯の親には約３％ポイントの押し上げ要因となっていることも示されている。ひとり親の母親の就労形態に非正規労働者が多く、生活困窮の問題は従前から指摘されていた。コロナ禍の失業リスクは、すべての労働者に等しくあるのではなく、従前から経済的に脆弱だった層にさらに追い打ちをかけるように集中していたことが分かる。同白書で紹介された調査によれば、2020年末に向けての暮らし向きが「苦しい」と回答したひとり親は60.8％に上り、直近１ヵ月間に必要とする食料が買えないことが「あった」と回答したひとり親も35.6％にものぼったという。また、コロナ後の女性に対する暴力件数、女性の自殺者数の増加、児童虐待件数の増加などを見ると、コロナによる負の影響が女性や子どもなどの特定層に集中したことも分かる。

　日本では、雇用と社会保障、特に社会保険とは密接な関係がある。本稿では特に２つの問題に着目したい。１つは、日本の社会保険が職業によって加入する種類に制約があり、その保険料負担や給付水準が異なる点にある。非正規労働者は、被用者向けの社会保険の加入要件を満たせなければ、資産や定年がないことを前提に設計された給付水準が相対的に低い自営業者向けの社会保険に加入するか、加入自体ができないことになる。例えば、雇用保険の2021年７月末の被保険者数は約4,484万人で、「労働力調査」の雇用者数5,992万人とは乖離がある。雇用保険の適用は、労働者を

雇用する事業は、その業種、規模等を問わず、すべて適用事業となり、適用基準は31日以上引き続き雇用されることが見込まれる者であることと、１週間の所定労働時間が20時間以上であることの両方を満たす者とされている。この加入要件を満たせなければ、雇用保険の適用対象外となる。加えて、フリーランスなどの新しい就業形態の場合には、雇用保険に加入できないこともある。実際、雇用保険制度の求職者給付の受給者数と完全失業者数にも乖離がある。また、コロナ禍で設けられた雇用保険の失業等給付の基本手当の延長措置や給付制限期間の特例も、雇用保険加入者だけがその恩恵に預かれることになる。

　もう一つの雇用と社会保障の問題は、日本の労働市場が新卒一括採用を重視するために、学卒時のマクロ経済の状況が初職やその後の離転職や賃金など長期にわたって影響を及ぼし、特定の世代に不利益が集中する「世代効果」の問題が社会保障にも影響を与える点である。バブル崩壊後の就職氷河期時代に不本意ながら正社員になれなかった者たちはすでに40代に突入し、彼らの就職支援や老後の生活保障などの問題は大きな社会問題になっている。現在の新卒労働市場は、かつてに比べれば新卒一括採用の影響は小さいかもしれない。厚生労働省・文部科学省調べによれば、2021年３月大学等卒業者の就職状況は、大学生の就職率は96.0％（４月１日現在）と、前年同期を2.0ポイント下回った。この数字だけでは先述の就業者数の減少に比べれば影響が小さいように思えるが、就職氷河期の問題も単に学卒時に無業や非正規労働に従事した者だけでなく、不本意な就職活動で早期離職した者の影響など、目に見える形で認識するのは、もう少し時間がかかる可能性が高い。

　さらに先述の雇用保険の適用拡大とも関連するが、老後の所得保障の柱となる公的年金制度の加入要件、すなわち厚生年金に加入するか、国民年金で加入するかは就業形態によって取扱いが異なる。2019年の公的年金財政検証では、今後の少子化や経済状況により、老齢年金の給付水準が低下することが示されている。その低下幅は厚生年金の報酬比例部分よりも基礎年金部分の方が大きい。厚生労働省「令和２年人口動態統計（概数）」によれば、2020年の出生数は84万832人で前年の86万5,239人より２万4,407人減少し、1899年の調査開始以来過去最少を記録した。合計特殊出生率も1.34で、前年の1.36から低下した。これが、コロナの影響による子どもを持つことを先延ばしにした一時的な影響にとどまるかは定かではないが、少子化傾向が長期化すれば、マクロ経済スライドによる年金の給付水準の引き下げは予定以上に早まる可能性が高い。また、人と出会うことが大幅に制限される社会では、結婚相手との出会いや交際、結婚に至るプロセスは大きな制約を受ける。恋愛結婚が主流の日本では、コロナ禍が長期化すれば、婚姻数や出生数に及ぼす影響は長期にわたる可能性がある。

　日本人の平均余命は世界でもトップクラスで、人生100年時代の到来が目前に迫っている。筆者が2020年に参加した連合総合生活開発研究所の「「人生100年時代」長寿社会における新たな生き方・暮らし方に関する調査研究」によれば、就職氷河期世代の非正社員は正社員よりも高い不安感を抱えながらも、その対処が出来ていない姿が見て取れた。筆者が分析を担当した私的年金などの備えについても、経済的に余裕のある大企業の正社員が税制上の優遇措置のある個人型確定拠出年金やＮＩＳＡなどを活用し、老後の備えを行っている姿が見て取れた。この調査の実施時期は2020年１月でまだコロナ問題が人々に認識されていない時期であった。調査対象の氷河期世代は非正社員であり、コロナ禍のなか老後の備えにまで目配りできない可能性も十分考えられる。

　今後、パンデミックが二度と起こらない可能性はなく、私たちは今回の教訓をいかに社会保障制度の設計に活かせるかを考えねばならない。就業形態や家族形態が多様化し、非正社員は家計補助者や学生アルバイトばかりでなく、その収入が家計の主たる収入源である労働者も少なくない。雇用形態と社会保険の適用要件や給付水準の連動が厳しすぎる制度設計の問題がパンデミックによってさらに浮き彫りとなった。来年10月には、公的年金等の企業規模の適用要件が中小企業にまで引き下げられることが予定されている。適用拡大は保険料率の引き上げという負担増にもつながるが、感染症による負担を社会で広く分かち合うという観点からも確実に進める必要がある。

2021～2022年度・経済情勢報告

［補論］
2022年度日本経済の姿

1．世界経済の先行きについての様々な見方
2．日本経済の先行きについて
3．民間エコノミストによる景気予測

１．世界経済の先行きについての様々な見方

　新型コロナウイルスの感染拡大の影響及び感染拡大防止策として各国政府により採られた厳格な経済活動の制限措置により、2020年の世界経済は戦後最悪の低成長を記録した。しかし、その後は早期に世界各国において大規模な財政・金融政策出動が発動されたことに加え、先進国を中心にワクチン接種が進捗し、経済活動が徐々に再開されたことを受け、21年に入ってからは、世界経済は国や地域によるばらつきを伴いつつも総じてコロナ危機による落ち込みからの回復を続けている。

　ただし、夏以降の新型コロナウイルスの変異株で感染力の強い「デルタ株」による世界的な感染拡大により、一部の新興国で防疫措置の強化の継続を余儀なくされ、景気回復が大幅に遅れただけでなく、経済の正常化を進めていた欧米先進国においても、景況感の悪化や行動制限の一部再導入の動きがみられることにより、景気回復にやや陰りがみられている。さらに、世界経済の回復に伴う急速な需要増により、半導体などの部品や原材料、エネルギー等の供給制約による生産減や価格高騰が夏以降顕著となっており、こうしたことも世界経済の回復ペースを鈍らせる要因となっている。

　2021年後半以降の世界経済は、基本的な流れとしては、昨年来のコロナ危機下での各種政策効果に支えられた回復から、自律的な回復へのシフトが本格化することが期待されている。しかしながら、新型コロナウイルスの感染動向はもとより、新たな変異株の出現や世界的なワクチンの普及状況及び経済活動の再開度合いに加え、急速な需要回復によるインフレ上昇圧力の亢進とそれを受けた金融資産市場の不安定化等、昨年に引き続いて世界経済は様々な不確実性を抱えている。したがって、各機関の見通しも、どのようなシナリオを前提とするか、またいつの時点のデータに基づいたものかにより大きく異なっている。

　以下では、まず最初に専門機関による新型コロナウイルスによる感染死亡者数の見通し及びワクチンの接種状況等につき概観した後、ＯＥＣＤやＩＭＦなどの主要国際機関が世界経済の先行きについて、どのようなシナリオを描いているかにつき紹介する。

新型コロナウイルスに関する見通し

（1）感染死者数の見通しについて

　　昨年に引き続き、世界各国の関心は、北半球が秋から冬の季節になり、新型コロナウイルス感染の第六波の来襲とインフルエンザの流行が同時に起こる事態（Twindemic）をいかに防ぐかという点にある。

　　昨年以降、アメリカのワシントン大学の保健指標評価研究所（ＩHME）は、新型コロナウイルス感染症による2022年1月1日までの世界各国の予想死者数を公表している[1]。（2021年10月15日現在死者数：世界　約530万人、日本　18,000人）。

　　同研究所では、以下の3つのシナリオを想定し、世界各国のコロナウイルスによる予想死亡者数の推移を示している。

①　最悪ケース：ワクチンの接種完了者全員がマスクを着用しなくなり、人流はワクチン接種率とは関係なく一気にコロナ前の状態に戻る。変異株による感染は想定の2倍の速さで拡大する。世界全体での累計死者数は2021年末までに624万人となる（日本：18,770人）

②　ベストケース：95%の人がマスク着用を継続する。この場合、世界全体の累計死者数は2021年末までに約570万人となる（日本：18,300人）。

③　最も可能性のあるシナリオ：ワクチンの普及が予定通り進捗し、マスクの着用率は直近7日間の平均レベルとなる。人流はワクチンの接種率の上昇と比例的に増加する。この場合、世界全体での累計死者数は2021年末までに約585万人となる（日本：18,300人）。

　　以上をみると、ワクチン接種が進捗しても、マスクの着用が感染拡大防止に重要な役割を果たしていることが窺える。なお、②と③の日本に関する累積死者数がほぼ同数なのは、日本の場合、諸外国と比較してマスクの着用が徹底しているためと推察される。

（2）ワクチンの普及及び治療薬の状況について

　　オックスフォード大学が運営する「Our World in Data」の集計によると、世界全体における新型コロナウイルスのワクチン接種率（少なくとも1回接種を受けた者の人口に対する割合）は、10月21日時点で48.1%となっている。我が国も6月の一般向け接種開始以降、急速にワクチン接種を進め、同日時点で米国の65.2%を上回る76.3%となり、ヨーロッパ並みの水準に達している。免疫を高めるための3回目の追加接種についても、一定の条件[2]を満たす者に対し、米国や欧州の一部の国では9月から、わが国も早ければ12月にも開始する予定とされている。なお、集団免疫獲得に必要なワクチン接種率に関しては、未だ具体的な数字は確立されていない。

　　一方、経口治療薬についても、米国の製薬会社を中心に開発及び治験が進んでおり、早ければ年内から22年初にかけて使用許可が下りる見込みであり、これが実現し普及すれば、従前と比べ格段に軽症者の治療が容易になり、医療現場の負担が大幅に軽減されることが期待されている。

---

[1]　ＩHME（the Institute for Health Metrics and Evaluation）による予測
https://covid19.healthdata.org/global?view=daily-deaths&tab=trend

[2]　例えば、米国では65歳以上の人や、18歳以上で重症化リスクが高い人、医療従事者で2度目の接種から少なくとも6ヵ月経過していることを条件として設定。我が国では、医療従事者は12月、65歳以上の高齢者は年明けから接種を行うこととしている。

国際機関による世界経済の見通し

（1）ＯＥＣＤによる見通し（2021年9月）

ＯＥＣＤは、9月半ばに公表された「経済見通し中間報告」において、見通しのベースライン・シナリオについて、①感染拡大の進展、②ワクチンの接種ペース及び世界的な普及、③全ての国における経済活動の段階的な再開といった諸条件に基づくものであるとし、1年前と比べリスクバランスは改善しているものの、依然重要な不確実性が残ると評価している。その上で以下の3つのシナリオを想定している[3]。

① ベースライン ：ヨーロッパ経済の力強い回復や米国における追加的な財政支援の実施の下、コロナ禍で膨張した先進国の家計貯蓄が消費へと転換されることを想定。（世界経済　2021年5.7%、2022年4.5%）

② アップサイド・シナリオ ：景況感の大幅な回復

全世界において効果的なワクチンの普及が想定されたよりも早く実現し、それに伴い消費者及び企業の景況感が改善することを受け、支出が大幅に増加、ベースライン・シナリオ以上に家計貯蓄率が低下した場合を想定。具体的には、典型的な先進国において2021年第4四半期以降で家計の貯蓄率が更に2％ポイント低下すれば、世界経済は2022年にはコロナ前に予測されていた成長経路へ戻るのと併せ、雇用も回復する。（世界経済　2022年6.2%以上）

③ ダウンサイド・シナリオ ：ワクチン接種の遅れと既存ワクチンの有効性の低下

既存のワクチンでは対応できない新型コロナウイルスの変異株の発現及びその感染拡大により厳格な感染防止措置が再度採られた場合。消費者及び企業の景況感は大幅に悪化してベースライン以上に支出が落ち込み、世界経済はしばらくの間コロナ前の2019年に予測された成長経路を下回る状態が続くとともに、失業率も更に上昇する。（世界経済　2022年3％未満）」

図表1　ＯＥＣＤによる中間経済見通し

全世界のＧＤＰ

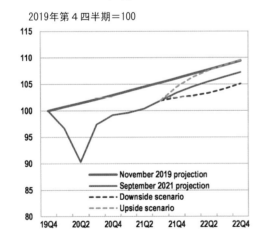

	2020年(実績)	2021年	2022年
全世界	▲3.4	5.7	4.5
G20	▲3.1	6.1	4.8
米国	▲3.4	6.0	3.9
ユーロ圏	▲6.5	5.3	4.6
日本	▲4.6	2.5	2.1
中国	2.3	8.5	5.8
インド	▲7.3	9.7	7.9
ブラジル	▲4.4	5.2	2.3

（％）

資料出所：OECD "OECD Interim Economic Assessment"（2021年9月）。

---

[3] OECD, "OECD Interim Economic Assessment ‒ Keeping the recovery on track"（Sep. 2021）
https://www.oecd.org/newsroom/global-economic-recovery-continues-but-remains-uneven-says-oecd.htm

（２）ＩＭＦによる見通し（2021年10月）：新型コロナウイルス感染拡大下における景気回復

（Recovery During a Pandemic）[4]

　　ＩＭＦは、世界経済の成長率について、2020年▲3.1％となった後は、2021年▲5.9％、2022年5.2％になるとの見通しを示し、感染の再拡大にもかかわらず、世界経済の回復は続くとした。他方、ワクチンへのアクセスや感染拡大初期における政府の景気支援策の差が主たる要因となって、先進国とそれ以外の国々との間の景気回復の進捗格差が一層拡大しており、こうした状況は中期的にも経済パフォーマンスに負の影響を残すであろうと指摘している。また、デルタ株をはじめとする変異株の発現により、感染収束の見通しがますます不透明になっているほか、新たに、米国や新興国市場を中心に感染拡大による需給のミスマッチや国際商品市況の高騰による急激な物価上昇といった要因が加わったため、成長に係るリスクバランスは下方に、またインフレリスクについては上方に傾いているとの見解を示している。[5] さらに、以下に示す見通しに係る不確実性は非常に高く、今後の感染動向やインフレ見通し、及びそれらの影響による国際金融資本市場の変動に大きく左右されるとしている。

① 見通し（**図表２**）の前提となる基本シナリオ：ワクチン接種は、2021年は先進国及び一部の新興国において、22年末までにはほとんどの国において可能となる。また、マクロ経済政策に関し、主要先進国の中央銀行は2022年末まで政策金利を据え置くものとし、財政政策については既に実施が決定したものや予算規模が示されているものを反映する。

　　これに加え、下記二つのダウンサイド・シナリオ及び数値が提示されている。

② ダウンサイド・シナリオⅠ：米国のインフレ期待が2022〜24年の間、基本シナリオよりも0.5％ポイント高まるとともに、新興市場のリスクプレミアムが上昇する。その場合、世界の実質ＧＤＰは2026年までに１・1/4％程度押し下げられる。

③ ダウンサイド・シナリオⅡ：ワクチンの有効性が接種後６ヵ月で50％まで低下することに加え、先進国における一部の人々がワクチン接種拒否を続けることにより、相対的に罹患しやすい者が一定割合残存することや、人の移動の減少の定着、感染症による影響の長期化に伴う経済構造の変化を受けて、企業の既存資本ストックが陳腐化すること等を通じ、世界の実質ＧＤＰは2025年までに１％以上押し下げられる。

④ アップサイド・シナリオ

　　以上のシナリオに加え、具体的な数値は示されていないものの、アップサイド・シナリオについても若干ながら言及されている。ワクチン接種及びデルタ株等の変異株に有効な新たなワクチンの開発・普及が世界全体として基本シナリオの想定よりも早く進んだ場合や、感染拡大を受けた非接触・省人化や効率化に向けた企業及び政府による投資の実行により、経済構造改革が加速して生産性が大幅に上昇し、中期的な成長力が向上した場合には、基本シナリオよりも高い成長率となるとしている。

---

[4] IMF, "World Economic Outlook - Recovery During a Pandemic—Health Concerns, Supply Disruptions, and Price Pressures" (Oct. 2021)
https://www.imf.org/en/Publications/WEO/Issues/2021/10/12/world-economic-outlook-october-2021

[5] ＩＭＦの中期成長予測（2021-25年）によれば、先進国については、米国における追加的な経済対策の効果もあり22年までにコロナ前の経済水準を超える一方で、新興国や発展途上国は予測期間内ではコロナ前の経済水準を回復できないとされている。

図表2　ＩＭＦによる経済見通し（2021年10月）

(%)

	2020年(実績)	2021年	2022年
全世界	▲3.1	5.9	4.9
先進国	▲4.5	5.2	4.5
米国	▲3.4	6.0	5.2
ユーロ圏	▲6.3	5.0	4.3
日本	▲4.6	2.4	3.2
新興国・途上国	▲2.1	6.4	5.1
中国	2.3	8.0	5.6
インド	▲7.3	9.5	8.5
ブラジル	▲4.1	5.2	1.5
世界貿易数量	▲8.2	9.7	6.7

資料出所：IMF "World Economic Outlook"（2021年10月）

物価の見通し

　2021年に入り、世界経済の回復に伴う需要の急拡大に伴って、石油やアルミなどの鋼材、穀物等の原材料価格が高騰しており、海外を中心に急速にインフレ圧力が高まっている。そこで、物価の安定を担う米国連邦準備制度理事会（ＦＲＢ）及び欧州中央銀行（ＥＣＢ）が四半期に一度公表する経済見通しをみると、2021年6月から9月のわずか3ヵ月間で21年の物価上昇率（総合）が米国では0.8％ポイント、ユーロ圏も0.3％ポイント上方修正されていることがわかる。ただし、2022年以降については、政策目標である2％に向けて収斂していくことが見込まれていることから、本見通し作成時点においては、両者共に昨今のインフレ圧力の高まりは一時的なものと判断していることが窺える。ただし、実際に一時的な現象として収束するか否かは消費者の期待インフレ率の動向にも大きく依存するため、物価上昇率の今後の動向には十分注視する必要がある。

図表3　欧米中央銀行による経済見通し

米国の経済見通し（ＦＯＭＣ9月会合（9月21-22日開催））

(%)		2021年	2022年	2023年
成長率（前年比）	9月	5.9	3.8	2.5
	前回 6月	7.0	3.3	2.4
失業率	9月	4.8	3.8	3.5
	前回 6月	4.5	3.8	3.5
PCEデフレーター（前年比）	9月	4.2	2.2	2.2
	前回 6月	3.4	2.1	2.2
コアPCEデフレーター（前年比）	9月	3.7	2.3	2.2
	前回 6月	3.0	2.1	2.1

（注）コアＰＣＥ（個人消費支出価格指数）は食品・エネルギーが除いたもの。
資料出所：ＦＯＭＣメンバーによる経済見通し（SEP：Summary of EconomicProjections）9月より作成。

ユーロ圏の経済見通し（ＥＣＢ9月理事会（9月8-9日開催））

(%)		2021年	2022年	2023年
成長率（前年比）	9月	5.0	4.6	2.1
	前回 6月	4.6	4.7	2.1
失業率	9月	7.9	7.7	7.3
	前回 6月	8.2	7.9	7.4
HICP（前年比）	9月	2.2	1.7	1.5
	前回 6月	1.9	1.5	1.4
除エネルギー・食品（前年比）	9月	1.3	1.4	1.5
	前回 6月	1.1	1.3	1.4

（注）ＨＩＣＰ（Harmonised Index of Consumer Prices）は、マーストリヒト条約統一基準に基づくユーロ圏全体の物価指数。
資料出所：ＥＣＢスタッフによる経済見通し（ECB staff macroeconomic projections）9月より作成。

２．日本経済の先行きについて

　日本経済は、2020年４－６月期に戦後最悪の経済の落ち込みを経験した後は、各種政策効果や海外経済の改善もあって、総じてみれば回復を続けているものの、その足取りは極めて弱いものとなっている。これは、当初ワクチン接種の開始が欧米より２ヵ月程度遅れ、経済の正常化が遅れたことに加え、夏以降、感染力の強いデルタ株による感染が世界的に拡大したことにより、わが国においても21年入り後10月までの間に３回もの緊急事態宣言等が発令されるなど、経済活動の人為的な抑制が長期化したことが大きい。緊急事態宣言による経済損失は、オリンピック・パラリンピック開催による景気浮揚効果をはるかに上回り、景気回復の足かせとなったとみられる。

　日本経済の先行きについては、まずは新型コロナウイルスの感染状況、とりわけワクチンの有効性の持続性や既存ワクチンが有効でない新たな変異株の発現の有無のほか、経口治療薬の開発及び普及、更には感染拡大した際の政府が採る感染防止対策の内容等により、大きく左右されると考えられる。また、新型コロナウイルスの完全終息までには少なくとも数年はかかるとも言われていることから、当面は新型コロナウイルスとの共存をいかに図っていくかが最大の懸案事項となろう。こうした感染動向に係るリスクに加えて、21年に入り、世界経済の回復に伴う供給制約及びコスト高問題が新たなリスクとして急浮上している。我が国においても、輸出及び生産の減少や原材料価格の高騰による企業収益の悪化に加え、欧米諸国を中心としたインフレ圧力の亢進や長期金利上昇による国際金融資本市場の不安定化を通じ、とりわけ夏以降、景気回復への不確実性が顕著に高くなっている[6]。

　以上のような状況を踏まえつつ、わが国経済の先行きについて以下のとおり３つのシナリオを想定し、各シナリオごとに経済成長率の試算を行った。

各シナリオ共通：2021年７－９月期の実質ＧＤＰは本稿公表時点では不明であるが、緊急事態宣言延長に伴って当該期間がほぼ緊急事態宣言の発令期間と重なったことに加え、世界的な感染再拡大や原材料・部品等の供給制約問題が深刻化する下で海外経済の回復ペースが鈍り、輸出の減少及び自動車の減産が生じていることを勘案し、マイナス成長を仮定する。また、ベンチマークを原則、実質ＧＤＰの水準が過去最大となった2019年７－９月期の実質ＧＤＰ（557.8兆円）と設定し、当該水準の回復時期がいつ頃となるかについて、一定の仮定の下で機械的な試算を行う。

前提

・中心シナリオとダウンサイド・シナリオの差異は、2021年10-12月期に経済活動が同程度正常化した後、感染動向が異なるものとして設定した。

・アップサイド・シナリオと中心シナリオの差異は、2021年10-12月期及び22年１－３月期の景気回復ペース（主としてペントアップ需要（pent-up demand）[7]及び輸出の回復による）が異なるものとし、22年度以降の四半期別成長率については同一とした。

---

[6]　内閣府「月例経済報告　９月」では、４ヵ月ぶりに消費及び総括判断が下方修正された。
　https://www5.cao.go.jp/keizai3/getsurei/getsurei-index.html
[7]　公衆衛生措置や感染への警戒感によって抑制されてきた民間消費が、それらの解除によって一挙に顕在化することによって発生すること（2021年10月14日　鳥取県金融経済懇談会における野口日銀政策委員会審議委員挨拶）

① 中心シナリオ：2021年10月以降、段階的な経済活動の正常化により、過剰貯蓄の一部が旅行・宿泊や外食といったペントアップ需要として消費に転換されるとともに、感染者数が一時的に増加する局面があっても、ワクチン接種等の効果により、経済活動の制限はごく限定的なものに留まる。また、景況感及び収益の改善から、設備投資は堅調に推移する。さらに、22年前半にかけて世界的な供給制約問題やそれに伴うインフレ圧力の高まりも解消に向かい、輸出も徐々に回復する。その結果、22年度は２％台後半のやや高めの成長となり、22年後半には実質ＧＤＰが2019年７−９月期の水準（557.8兆円）を超え、過去最高となる。

② ダウンサイド・シナリオ：緊急事態宣言の解除を受け、経済活動が段階的に正常化されるが、同時に人々の感染予防に対する意識が低下し、マスク着用をはじめ感染予防対策行動がとられないまま人流がコロナ前の状況に戻る。そのため、10-12月期は中心シナリオと同様に景気回復が加速するものの、22年初にかけて第六波に見舞われるなど、再度経済活動に対し厳しい制限が課される事態となり、同年１−３月期はマイナス成長となる。さらに、その後も既存のワクチンが無効な変異株の出現などにより、感染者の急拡大が度々発生し、その都度経済活動に厳格な制限が課される。同様に海外も、感染拡大によって景気回復が遅れる一方、供給制約は引き続き22年度も解消されず、輸出及び生産の減少、及び企業の景況感の悪化が続くことから、設備投資の回復も力強さに欠けるものとなる。消費も、経済対策などにより一定程度は下支えされるものの、先行きの不透明感が増していることから家計における過剰貯蓄の大半はそのままとなり、期待されたペントアップ需要は実現しない。その結果、21年度に２％半ば程度の成長となった後、22年度は潜在成長率程度の成長に留まるため、23年後半になってようやく2019年10-12月期（547.0兆円）の経済水準を回復する。

③ アップサイド・シナリオ：ワクチン接種の進展や新薬の普及により、2021年秋以降、経済活動の正常化が中心シナリオの想定より早い時期に実現する。消費者マインドの大幅な改善に加え、経済対策の効果もあって、21年度内を中心に想定を上回る大規模なペントアップ需要が顕在化する。輸出についても、半導体や原材料の世界的な供給制約問題、それに伴うインフレ懸念もおおむね年内に解消され、世界経済の回復ペースが再加速することを受け、大幅な増加に転じるとともに、設備投資の増勢も一層強まる。その結果、21年度の成長率は３％台後半の高い成長となり、2022年１−３月期には2019年７−９月期の経済水準を超え、22年度も前年に引き続き年率３％台前半の高成長を維持する。

図表４　実質ＧＤＰの成長シナリオ

（季節調整値、兆円）

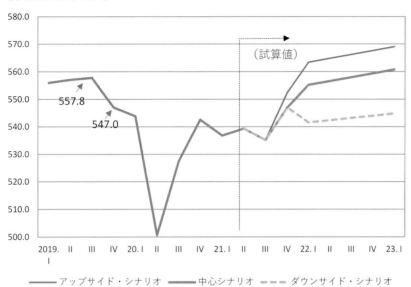

	2020年度	2021年度	2022年度
中心シナリオ	▲4.4	3.3%	2.7%
ダウンサイド・シナリオ	▲4.4	2.6%	0.5%
アップサイド・シナリオ	▲4.4	3.9%	3.5%

　なお、上記シナリオ中で言及したペントアップ需要に関し補足すると、コロナ禍の下で我が国の家計が保有する金融資産は2021年３月末時点で過去最高水準の1,946兆円となり、そのうち、いわゆる「過剰貯蓄」額は同年１〜３月期までの累積額でＧＤＰ比約36兆円（対ＧＤＰ比6.7％）になるとされている[8]。我が国についても欧米と同様、その一定割合がペントアップ需要に転換することにより消費を大きく押し上げることが期待されているものの、その実現のタイミング及び規模は消費者マインドの動向に大きく依存する。経済活動の正常化が遅れれば遅れるほど、また政策の予見可能性が低下するほど、予備的動機に基づく貯蓄に回る部分が増加し、その効果は小さいものに留まるであろう。

　このように、経済の先行きに係る不確実性が高まっているが、景気回復が遅れるほど、積極的財政出動の継続や更なる金融政策の緩和圧力が一層高まり、金融財政政策の正常化がますます先送りされるだけでなく、潜在成長率の低下や格差の更なる拡大など、将来にわたって経済に対し負の影響が生じることが懸念される。

---

[8]　内閣府「世界経済の潮流　2021年Ｉ」

3．民間エコノミストによる景気予測

　以上みてきたように、今後の経済情勢をめぐる不確実性が極めて高い中、民間エコノミストは我が国の先行きについてどのように見ているのであろうか。（公社）日本経済研究センターが毎月公表している「ＥＳＰフォーキャスト調査」10月調査[9]によれば、民間エコノミストが予測する実質成長率の平均は、2021年7－9月期前期比年率1.00％と、4回目の緊急事態宣言の延長や海外経済の景気回復の遅れを反映し、同年4－6月期の実績と比較するとやや低めの数字となっている。しかし、9月末の緊急事態宣言等の解除以降、段階的に経済活動の正常化が図られることから、10-12月期には同4.60％と高い成長が見込まれている。その後の回復ペースは、徐々に巡航速度に収斂するべく低下するものの、23年1－3月期段階においても前期比年率1％台前半と比較的高めの成長率となるとしている。また、年度単位での実質経済成長率は、2020年度前年比▲4.4％（実績）から21年度同3.34％、22年度同2.78％と過去の実績に比べると高めの成長率で推移することが見込まれている。また、名目経済成長率は、2020年度同▲3.9％（実績）から、21年度同2.76％、22年度同3.28％とされている。いずれにせよ、平時と比べて見通し機関の間で数字のばらつきが大きくなっていることには留意が必要である。

　次に、失業率の見通しについては、見通し機関平均で2021年7－9月期2.84％、10-12月期2.83％、2022年1－3月期2.77％と徐々に低下し、23年1－3月期には2.56％とほぼコロナ前の水準に戻ることが見込まれている。また、年度単位での失業率は、2020年度2.9％（実績）から、21年度2.84％、22年度2.64％になるとしている。

　最後に、わが国の消費者物価上昇率（生鮮食品を除く総合）の前年比見通しを確認する。2020年4－6月期以降、感染拡大による景気後退を受けてマイナスで推移してきたが、2021年10-12月期には景気回復や企業による価格転嫁の動きが出てくることを受けて、前年比0.32％とようやくプラスに転じ、その後も2022年1－3月期同0.04％、4－6月期以降は同0.5〜0.6％程度で安定的に推移すると見込まれている。また、年度単位では、2021年度は前年比▲0.10％、22年度同0.51％となるとしている。我が国も欧米と同様に国際商品価格の高騰に直面しながらも、このように消費者物価上昇率の動きに差異が生じている背景として、長年にわたるわが国の消費の低迷や国際競争の激化により、企業による消費者への価格転嫁力が著しく弱まっていることがあると考えられる。他方、世界的な急激な物価上昇圧力が継続し、欧米の中央銀行による金融政策の正常化が急速に図られるような場合には、円安を通じた更なるコスト高等を通じ、わが国の期待インフレ率も著しく押上げられるおそれがある。その際には、現在想定されている以上に消費者物価が上昇する可能性があることには十分留意する必要があろう。

---

[9]　（公社）日本経済研究センター「ＥＳＰフォーキャスト調査」（2021年10月7日）

図表5　民間エコノミストによる予測（ＧＤＰ成長率：2021年10月時点）

（1）四半期別実質成長率（前期比年率）の予測

(%)

（グラフ：2020.I ～ 23.I）
-2.3, -28.1, 23.2, 11.9, -4.2, 1.9, 1.00, 4.60, 4.00, 3.12, 1.93, 1.50, 1.35

（2）年度の予測

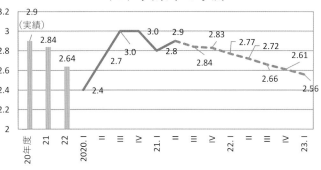

	2019年度 （実績）	2020年度 （実績）	2021年度	2022年度
実質成長率	▲0.5	▲4.4	3.34	2.78
高位8社平均			3.83	3.49
低位8社平均			2.91	2.08

（3）失業率の予測

(%)

（グラフ：20年度 ～ 23.I）
2.9（実績）, 2.84, 2.64, 2.4, 2.7, 3.0, 3.0, 2.8, 2.9, 2.84, 2.83, 2.77, 2.72, 2.66, 2.61, 2.56

資料出所：（公財）日本経済研究センター「ＥＳＰフォーキャスト調査（2021年10月）」より作成。

（4）コア消費者物価指数上昇率の予測

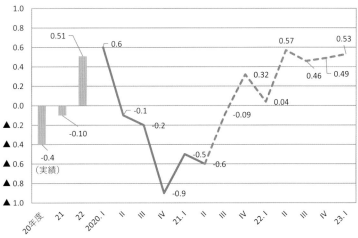

（グラフ：20年度 ～ 23.I）
-0.4（実績）, -0.10, 0.51, 0.6, -0.1, -0.2, -0.9, -0.5, -0.6, -0.09, 0.32, 0.04, 0.57, 0.46, 0.49, 0.53

（注）生鮮食品除く総合指数。
資料出所：（公財）日本経済研究センター「ＥＳＰフォーキャスト調査
（2021年10月）」より作成。

編集後記

　本報告書は、以下の執筆分担により連合総研の責任でとりまとめました。発刊にあたり、ご助言・ご示唆を賜りました経済社会研究委員会の委員・オブザーバー各位に厚く御礼申し上げます。

第Ⅰ部　第1章　　　　　野澤　　郁代（連合総研主任研究員）
　　　　第2章　　　　　野澤　　郁代（連合総研主任研究員）
第Ⅱ部　第1章　　　　　後藤　　究　（連合総研研究員）
　　　　第2章　　　　　金成　　真一（連合総研主任研究員）
　　　　第3章　　　　　金成　　真一（連合総研主任研究員）
　　　　第4章　　　　　石黒　　生子（連合総研主任研究員）
　　　　第5章　　　　　金沢　紀和子（連合総研主任研究員）
　　　　第6章　　　　　麻生　　裕子（連合総研主任研究員）

第Ⅲ部　とりまとめ　　　松岡　　康司（連合総研主任研究員）

補　論　　　　　　　　　野澤　　郁代（連合総研主任研究員）
　　　　　　　　　　　　　　　　　　（肩書は 2021 年 9 月現在）

コロナ後を見据えて
＜2021〜2022年度　経済情勢報告＞

2021年11月5日　初版第1刷発行

編集・発行　公益財団法人 連合総合生活開発研究所
　　　　　　　所　長　藤本　一郎
　　　　　　〒102-0074　東京都千代田区九段南 2-3-14
　　　　　　靖国九段南ビル5階
　　　　　　ＴＥＬ　03-5210-0851
　　　　　　ＦＡＸ　03-5210-0852

制作・発売　株式会社コンポーズ・ユニ
　　　　　　〒108-0073　東京都港区三田 1-10-3
　　　　　　電機連合会館2F
　　　　　　ＴＥＬ　03-3456-1541
　　　　　　ＦＡＸ　03-3798-3303
印刷／株式会社コンポーズ・ユニ
ISBN 978-4-906697-67-0